经管文库·管理类

前沿·学术·经典

数字政府建设

DIGITAL GOVERNMENT CONSTRUCTION

刘 波 著

U0832628

经济管理出版社
ECONOMY & MANAGEMENT PUBLISHING HOUSE

图书在版编目（CIP）数据

数字政府建设 / 刘波著. -- 北京 ：经济管理出版社，2023.8
ISBN 978-7-5096-9200-4

Ⅰ. ①数… Ⅱ. ①刘… Ⅲ. ①电子政务-建设-中国 Ⅳ. ①D63-39

中国国家版本馆 CIP 数据核字(2023)第 158557 号

组稿编辑：白　毅
责任编辑：白　毅
责任印制：许　艳
责任校对：张晓燕

出版发行：经济管理出版社
（北京市海淀区北蜂窝 8 号中雅大厦 A 座 11 层　100038）
网　　址：www. E-mp. com. cn
电　　话：（010）51915602
印　　刷：唐山玺诚印务有限公司
经　　销：新华书店
开　　本：720mm×1000mm/16
印　　张：11.5
字　　数：232 千字
版　　次：2023 年 8 月第 1 版　　2023 年 8 月第 1 次印刷
书　　号：ISBN 978-7-5096-9200-4
定　　价：98.00 元

前 言

2022年，国务院印发了《国务院关于加强数字政府建设的指导意见》，提出加强数字政府建设是适应新一轮科技革命和产业变革趋势、引领驱动数字经济发展和数字社会建设、营造良好数字生态、加快数字化发展的必然要求，是建设网络强国、数字中国的基础性和先导性工程，是创新政府治理理念和方式、形成数字治理新格局、推进国家治理体系和治理能力现代化的重要举措。2023年，中共中央、国务院印发了《数字中国建设整体布局规划》，从党和国家事业发展的战略高度，提出了新时代数字中国建设的整体战略。这一系列重大决策部署将全面赋能创新驱动的数字经济、高效协同的数字政务、普惠便捷的数字社会、自信繁荣的数字文化、绿色智慧的数字生态文明，提升国家治理体系和治理能力现代化水平。

数字政府是数字中国的重要组成部分和核心枢纽，通过国家治理手段和治理模式的数字化转型，数字政府引领驱动数字经济、数字社会、数字文化和数字生态文明全方位协同发展。以数字化转型推进生产方式、生活方式和治理方式变革，将成为经济社会发展的基本趋势。用好数字技术，可以提高经济运行监测分析能力，增强部门协同监管能力，为促进数字经济规范健康发展提供良好环境；用好数字技术，可以更好地解决公共服务资源配置不均衡问题，推动基本公共服务均等化，提升群众获得感、幸福感和安全感；用好数字技术，有助于推动生产方式、生活方式变革，重构数字时代的新型社会关系，维持社会秩序与活力的平衡。因此，推进数字政府建设，需要加强基础理论研究，明确数字政府的内涵与边界，梳理数字政府发展体系和历程，加快总结国内外数字政府建设经验与面临的挑战，并探讨数字政府未来的运行模式。通过数字政府建设，推动政府转型，全面带动经济社会各领域的数字化、智能化建设。

正确认识数字政府是建设数字政府的前提。数字政府的本质是什么？它有哪些特征，是如何发展起来的？它和每一个人有何关系？它会给人们带来哪些影响？建设数字政府需要具备哪些条件？建设数字政府需要做什么？这些问题是数字政府研究者和建设者的必答题。因此，能提供一个可供系统性思考的学习读本，为学术研究呈现可以借鉴的基础成果，是笔者撰写《数字政府建设》的初衷。

本书的特色在于把目前处于探索阶段的数字政府理念与丰富的案例相结合，达到理论与实践相结合，为更好地发展数字政府提供一定理论基础和实践经验。相信本书能够为从事数字政府建设和研究的广大读者呈现数字政府的基本样貌，同时，也可以为读者提供一个全新的认知架构和思考视角。

目　录

第一章　数字政府建设的背景与态势

第一节　数字政府建设的背景及意义

一、时代为数字政府建设提出新要求

（一）数字政府建设是全球各国的共同战略

随着大数据、云计算、物联网、5G 通信技术以及人工智能等前沿信息技术的突飞猛进，社会生活的各个层面都经历了翻天覆地的变化。政府的治理对象和治理场景也因此产生了深刻变革，传统的政府治理模式显然已经无法满足现代社会的治理需求。面对这一治理挑战，世界各国政府纷纷开始探索新型的治理路径，以适应信息化时代的浪潮。在全球范围内，一些国家较早地运用新一代信息技术，对政府治理的模式进行了深入探索，并取得了良好的实践效果。丹麦政府于 2016 年提出了《2016—2020 数字化战略》，其主要目标是通过利用数字技术来提升政府服务的效率，此举旨在使公共服务更具现代化特征，从而更好地服务于丹麦的公民和企业，推动社会的数字化进程。英国的数字政府建设经历了两个阶段：第一个阶段从 2012 年发布《政府数字化战略》开始，该阶段以促进政府服务数字化为重点，把握“以用户为中心”的原则，运用数字技术改善政务服务质量；第二个阶段从 2017 年发布《政府转型战略（2017—2020）》开始，该阶段关注改善公民与国家之间的关系，基于“数字政府即平台”理念，加速政府的数字化转型。新加坡早在 2006 年就提出了“智慧国 2015 计划”，旨在将新加坡打造成为一个具有全球竞争力的智能国家和智能城市。2015 年发布了“智慧国家 2025 计划”，秉持“大数据治国”理念，预测公民需求，提供公共服务，让新加坡成为全球第一个智慧国家。在数字政府建设成为全球各国共同战略的国

际环境下，我国政府的数字化转型成为提高我国的综合国际竞争力以及提升国家治理能力的重要变革。

（二）数字政府建设是我国国家治理的要求

《中共中央关于坚持和完善中国特色社会主义制度 推进国家治理体系和治理能力现代化若干重大问题的决定》指出，要“建立健全运用互联网、大数据、人工智能等技术手段进行行政管理的制度规则。推进数字政府建设，加强数据有序共享”。习近平总书记在2016年网络安全和信息化工作座谈会上指出，信息是国家治理的重要依据，要发挥其在这个进程中的重要作用。要以信息化推进国家治理体系和治理能力现代化。2020年，习近平总书记在浙江考察时强调，推进国家治理体系和治理能力现代化，必须抓好城市治理体系和治理能力现代化。运用大数据、云计算、区块链、人工智能等前沿技术推动城市管理手段、管理模式、管理理念创新，从数字化到智能化再到智慧化，让城市更聪明一些、更智慧一些，是推动城市治理体系和治理能力现代化的必由之路，前景广阔。可见，现代信息技术手段对提升数字治理能力至关重要，它既是国家治理体系和治理能力现代化的核心要素，也是推动数字时代国家治理现代化的关键力量。

（三）数字社会的发展推动政府治理变革

随着互联网的不断演进，人们的生产与生活方式经历了翻天覆地的变革。从社会组织形态的视角观察，传统模式侧重于以人际关系为纽带，实现人与人、个体与个体间的相互连接。然而，在互联网的深刻影响下，人与人之间的联系已突破空间屏障，演变为在互联网复杂网络中的相互交织。这一转变大幅提升了社会分工与协作的效能，进而促进了社会生产力的显著提高。从社会经济结构的视角出发，新一代信息技术，诸如大数据、云计算、物联网、5G通信技术、区块链、人工智能等，正迅速推动着数字经济的蓬勃发展。由此，数字社会中涌现出诸多新产业、新模式和新业态。以数字技术为支柱的互联网巨头和新兴数字技术企业日益壮大，进而深刻改变了社会的经济结构。此变革打破了传统产业发展的地域局限，显著降低了交易成本，实现了社会经济主体之间的广泛联系与紧密协作，有力地推动了社会主义市场经济的发展进程。从政府治理场景来看，政府的治理范畴已不再局限于传统的线下领域，而是向线上空间拓展，这要求政府既要有效管理现实社会中的事务，也要积极应对虚拟社会带来的新挑战。为此，政府必须采取措施对网络空间中的违法行为进行有效监管，包括但不限于遏制谣言散播、打击网络诈骗、惩治虚假宣传以及防止低俗信息传播等。同时，为了保护公众的个人隐私和数据安全，政府还需通过立法手段为其提供坚实保障。

（四）人民对政府的治理能力产生新期待

自改革开放以来，我国社会发展取得了巨大的进步，社会生产力得到了显著提升，人民的物质生活条件不断改善，精神文化追求也日益丰富。如今，人们对于生活的追求已不再局限于基本的温饱，而是向着更为广泛的物质、文化领域迈进。同时，社会主要矛盾发生了深刻变化，人民群众在居住环境、医疗卫生、文化教育、生态保护以及公共安全等方面都提出了更高的期待和要求。传统的政府治理能力及治理方式已经不能满足人们对政府治理能力的新期待。因此，政府必须面对这些新期待进行相应的转变。借助新一代信息技术的力量，提升治理效能成为政府治理能力现代化的关键一步。通过“互联网+政务服务”这一治理模式的创新转变，政府公共服务效率和质量得到了显著提升，有效满足了公众对便捷、优质政府服务的期待。同时，数字政府建设的重心正由 IT 时代的信息化向 DT 时代的智能化迈进。在这一进程中，需构建与数字社会相适应的政府治理理念、组织形式及运作流程，并运用大数据技术精准预判治理场景，对治理对象实施有效治理。这种模式不仅回应了公众对政府治理能力提升的迫切要求，也适应了多元主体参与政府治理的新趋势，从而更好地满足了新时代人们对政府治理能力的新期待和新要求。

二、数字技术为数字政府建设提供新条件

（一）技术企业为政府转型提供技术支撑

政府的数字化转型与技术企业的紧密合作息息相关。实现“互联网+政务服务”的目标，需要依赖技术企业构建线上服务平台，将传统的线下政务服务窗口迁移至线上端口。线上政务平台一旦建立完成，技术企业还需承担政务网站的日常维护与应急处理职责。此外，随着线上政务平台的不断迭代和优化，技术企业持续提供必要的技术支持变得尤为关键。同时，新一代数字技术正在深刻改变社会的生产生活方式，这使政府的治理环境日益复杂化。为了应对这一挑战，政府必须与时俱进地更新治理手段，以适应时代的变化并降低不断增多的社会不确定性风险。我国新一代数字技术企业为政府的数字化转型提供了坚实的技术支撑，这使政府能够引入国内尖端技术，对治理对象和场景进行精准服务及管理。例如，云计算技术为数字政府的建设提供了便利，使基于数据分析的政府治理得以在云平台的强大算力支持下实现。利用大数据技术可以对庞大的数据资源进行深度挖掘，进而对人口流动、经济趋势、公共安全等关键信息进行准确分析和预测，从而实时掌握社会动态，降低治理风险。人工智能技术显著提升了政府的办公效率和治理准确性，满足了政府在公共交通、公共安全等领域的治理需求。区块链技术为数字政府的建设提供了坚实的安全保障。物联网技术则使政府能够实时感知物理世界的变化，政府对物理世界的感知能力也随之增强。5G 通信技术则为物联网产生的大数据流提供了高质量的网络传输环境。物联网与 5G 技术的

完美结合，使政府能够实时、全面地掌握物理世界的变化，从而更加精准地实施治理。

（二）网民规模扩大使数字政务成为可能

政务服务涉及政府和居民两大主体。只有当居民具备使用互联网进行线上操作的能力时，政府才能成功地将政务服务从传统的线下转移到线上。随着互联网与日常生活的融合，我国的网民规模正快速增长。在经济较发达地区，互联网已成为人们生活不可或缺的部分，居民在出行、教育、医疗、休闲等各个领域都能通过互联网完成相关事务。网络的覆盖范围不仅局限于青年群体，还逐渐拓展到老年人等其他群体。与此同时，欠发达地区的网络发展也受到了政府的重视，通过增加网络基础设施投入，缩小了其与发达地区的差距。这些地区的网民数量持续增加，掌握线上政务服务流程的居民日益增多，使线上办公平台和门户网站得到有效利用。除了线上政务办理外，网民在社会治理中的参与意愿和能力也在不断提升。越来越多的居民选择通过政府网站提出问题、提供建议。网民规模和素质的提高，使政务服务平台的功能得到充分发挥。居民利用政务平台向政府反映诉求，减少了线下反馈的时间成本；政府则通过平台了解和满足居民的需求，及时反馈处理结果，既节省了办公时间又提高了服务效率。展望未来，随着互联网的深入普及和居民素质的持续提高，线上政务服务将不断优化升级。“一次都不跑”的政府服务模式在不久的将来将成为现实。

地方政府数字化转型的背景如图 1-1 所示。

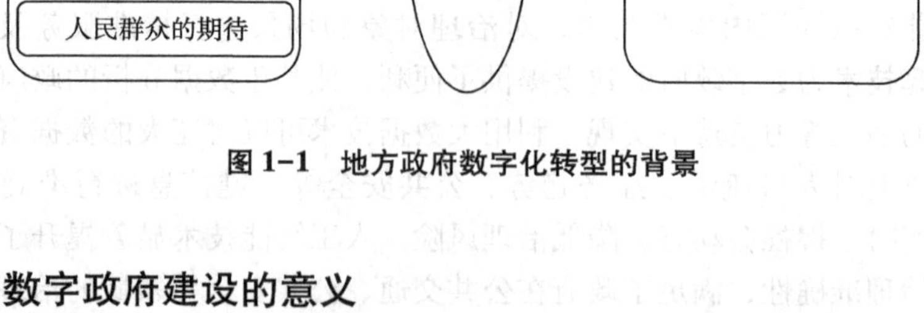

图 1-1　地方政府数字化转型的背景

三、数字政府建设的意义

数字政府代表了一种政务运行的新方式，其核心在于通过创新手段来重塑政府的职能、结构与权力。凭借新一代数字技术，政府能够跨越部门、层级和地域的限制，实现业务数据的全面贯通与政务流程的深度融合。人工智能技术的应用则进一步推动了决策的智慧化，确保了社会治理的精确性和高效性、公共服务的便捷性，也为安全保障提供了可靠且可控的支持，提升了政府的现代化治理能力，帮助政府精准洞察社会变迁的趋势。同时，数字技术已深刻融入社会、经济的各个层面，对人们的生活方式产生了深远的影响。人类社会在此过程中构建了全新的生产组织模式，打造了新的商业模型，催生出一大批新产品、新服务和新业态。这些新兴力量引领着全球经济的发展方向，成为推动经济复苏的关键支柱。

（一）引领创新和驱动转型

“数字政府”作为“数字中国”建设的核心要素，与“数字经济”共同构成了推动社会经济高质量发展的“双引擎”。深化“数字政府”改革，不仅是新发展理念的具体实践，更是解决发展难题、创新国家治理体系、提升治理能力的重要途径。政府信息化的推进，催生了政务平台的崛起，对传统的政府组织结构和运行模式产生了深远影响，引领政务管理向着更加扁平化、响应及时化、动态化的方向演进。通过政务平台，政府职能得以有机整合，社会力量得以有效聚合，服务理念得以创新，依法行政得以强化，服务供给方式得以变革。数字政府建设极大地促进了数据的流通、利用和共享，对完善社会治理体系、提升政府管理水平、优化服务职能具有重大意义，为国家的全面进步与发展注入了新的活力。

（二）促进资源优化配置

各级政府拥有大量关于社会和法律政策的数据资源。通过政府信息化，这些社会数据资源能够得到更加高效和合理的利用与配置。同时，政务公开与机制的不断创新进一步优化了数据资源的配置，使其能够为社会所充分利用。正是基于信息时代数字化的坚实基础，社会才真正迈入了信息社会的门槛，各类数据资源得以优化整合，形成强大的合力，进而发挥出最大的效用。

（三）政务管理公开透明

数字政府有效地克服了传统管理模式中存在的时滞性和静态性弊端，借助大数据的力量，政府得以深入了解公众的需求，从而精准把握社会发展的脉动，并作出前瞻性的战略决策。数字政府工作的推进，不仅极大地简化了政府的业务流程和办事程序，使其更加高效畅通，也为民众表达意见、参与政治生活提供了便捷途径，进一步促进了政治的清明和民意的畅通。此外，这些举措还有助于提升政府工作的透明度，便于公众对政府工作进行更为有效的监督和评估。

（四）提高公务人员履职效率

在未来，政府工作人员规模将逐渐精简，而在线处理的业务量将不断增长，相应地，需要人工干预的业务将逐渐减少。职能部门的编制将趋于紧凑，流程标准将日益规范化，而服务人员的数量也将逐步减少。以纳税服务为例，网络开票和报税系统的广泛应用将显著提升服务质量，同时也将推动执法人员素质的提升，使执法行为更加规范，进而实现服务效果的持续优化。

第二节　数字政府发展沿革

我国电子政务的发展历程，从办公自动化起步，逐步推进至“三金工程”，再到政府上网和移动政务的全面建设，体现了由简单的网上办公向更为高效的网上办事的转变。在这一过程中，电子政务不仅提升了行政效率，更逐渐重视起用户价值，推动了公共服务供给模式由粗放式向精细化的深刻变革。这些进步为电子政务向新阶段的转型奠定了坚实的基础。

一、传统政务阶段

20 世纪 80 年代初，我国政府开始积极探索将计算机技术引入政府政务工作中的可能性，筹备建立国家级的数据中心。1983 年，国家计委成立了信息管理办公室，专门负责国家经济信息管理系统的整体规划和实施建设，这标志着我国政府对信息技术的运用从简单的数据统计迈向了宏观经济管理的更深层次。在这一阶段，传统政务的主要表现形式为“办公自动化”和“部门信息化”，其核心目标是提升政府办公的效率和便捷性。

二、系统建设阶段

1993 年，中国政府启动了重要的“三金工程”。这一工程的核心在于加强信息化基础设施和通信网络的建设，以此为契机带动相关产业的发展。通过这一举措，电子政务在基础设施、网络架构以及业务系统等多个方面取得了显著进展，从而揭开了我国政务平台建设的崭新篇章。

1999 年，我国正式启动了“政府上网工程”，旨在逐步实现公共信息资源的全社会共享。在此过程中，政府越来越注重公共服务的核心地位，进一步加快了信息化的发展速度，为电子政务业务系统的构建奠定了坚实的网络基础。同一时期，从中央到地方各级政府逐步建立了条块化的业务系统，形成了高效、畅通的信息传递渠道。此外，以 gov. cn 为域名的网站注册数量也迅速增长。

在这一阶段，电子政务的核心任务在于强化通信网络及业务系统等综合性工程的建设，持续优化网络基础设施与办公硬件环境，以确保政府内部办公的高效运作。同时，条块化的业务系统有效促进了上下级之间的信息交流与数据传输。

三、全面发展阶段

2000年，“十五”计划提出推进政务信息化进程，促进了电子政务的协调与统一发展，这标志着我国电子政务趋于理性化，进入了一个有序且全面发展的阶段。2001~2006年，国家信息化领导小组连续五次召开会议，将社会信息化建设提升到了战略性的全局高度。2001年，国务院信息化工作办公室正式成立，肩负起系统推进电子政务建设的重任。2002年，具有指导性的《国家信息化领导小组关于我国电子政务建设指导意见》出台，该文件明确了电子政务建设作为我国信息化工作的重点，其主要任务之一在于建设和整合统一的电子政务网络。随后，《国家信息化领导小组关于推进国家电子政务网络建设的意见》《2006—2020年国家信息化发展战略》《国家信息化领导小组关于印发〈国家电子政务总体框架〉的通知》等一系列文件发布，为电子政务的发展奠定了坚实的基础性框架。随着电子政务建设的重心逐渐向公众服务转移，政务工作的实效性得到了稳步提升。自2006年以来，Web 2.0等移动通信技术的迅猛发展为各国政府提供了新的服务方式。在这一背景下，我国政府开始探索利用移动终端提供公共服务的新模式。与此同时，更加注重电子政务的顶层设计和战略统筹，通过政策文件的形式有针对性地解决了标准化不足、共享程度低和协调不力等关键问题。这些努力推动了电子政务从基础建设向实质性推进的转变，为智慧政务的后续发展奠定了坚实基础。

从传统政务到系统建设，再到全面发展的演进，我国对电子政务的理解与实践均经历了深刻变革。在电子政务建设的初期阶段，我国积累了宝贵的发展经验，具体表现在以下三个方面：一是电子政务的规划逐渐走向规范化，有效地将原本无序的建设引导至有序规划的轨道上。二是在技术范式的运用上，实现了“技术融合”的转型。政府更加积极地迎接技术变革所带来的机遇，将先进技术融入业务系统的建设中，从而完善了电子政务的基础设施。三是服务供给的范围也从政府内部拓展至社会外部。“政府上网工程”的实施，使电子政务的应用由内部延伸至社会。政务服务的载体、功能、内容及形式都变得包容。公众因此享受到了电子政务所带来的便捷性，这不仅提升了公众对政府的信任度，也改善了公众对电子政务的认知。可以说，电子政务建设正日益深入人心。

四、数字政府阶段

近几年，许多国家都积极制定了数字化战略，旨在推动数字政府的建设与发展。从全球视角来看，数字政府的转型建设普遍处于起步阶段。尽管国外在数字政府战略的提出上稍早于我国，但我国在数字政府领域的实践与探索却具有较早的起步。自数字政府建设提出以来，我国数字政府建设如火如荼地展开，整体水平已跻身全球中上之列。

数字政府建设在全球范围内备受瞩目，尤以欧美国家为代表。这些国家不断将新兴信息技术应用于数字政府建设中，旨在通过网络化和虚拟化手段提升政府行政效率。如前文所述，数字政府在早期主要呈现出技术化和虚拟化的特点。然而，随着建设的深入，“数据开放”“平台建设”“以用户为中心”等逐渐成为建设的核心。有研究表明，数字政府的雏形源于20世纪末美国政府推动的信息基础设施建设。当时，美国政府希望通过通信和网络技术的应用来优化政府机构、提高行政效率，进而为公众提供更优质的公共服务。2001年，美国白宫管理与预算办公室成立了“电子政务特别工作小组”，并在次年发布了《电子政务战略——简化面向公民的服务》，该文件旨在通过网络化和信息化手段提升美国政府的工作绩效，并加强政府与公民之间的互动。此后，其他国家也根据各自国情提出了相应的数字政府建设战略。例如，丹麦作为信息技术发达的国家，在民众的支持下于2001年开始进行政府的数字化转型。在不断积累和发展的基础上，丹麦政府提出了《2016—2020数字化战略》，以进一步推动数字政府的建设。澳大利亚政府则在2011年开启了政府的数字转型之路，并于2018年发布了《数字转型战略：2018—2025年》，该文件的主要任务是通过数据开放共享为社会发展创造新价值，实现数据红利的惠及民生。同样地，英国基于国内互联网的普及和发展程度，在2012年发布了《政府数字化战略》。该文件注重构建和满足移动互联网的服务需求，引导公众使用政府的数字服务。通过构建数字化的公共服务，英国政府成功转变了与企业、公众之间的关系，并取得了显著成效。

整体来看，我国数字政府建设主要内容包括“互联网+政务服务”“数字治理”“数据共享”。在推进“互联网+政务服务”的过程中，借助新兴信息技术的力量，对政务服务的品质和流程进行了全面的优化与重塑，使大部分事务都能通过网络平台办理或者实现“一窗通办”“一网通办”“最多跑一次”，同时也促进政府部门间的跨层级、跨区域的高效协同。在“数字治理”层面，政府积极运用新一代数字技术，在决策支持、监督实施、社会治理、部门协作等多个维度显著提升了其效能。而在“数据共享”领域，则通过数据的采集、加工、共享和开放等一系列环节，有效打破了“数据孤岛”，推动了数据资源的全社会共享，让广大人民群众都能享受到数据带来的红利。

我国的数字政府构建工作是在2016年被明确的，与欧美国家相比较，我国的起步稍晚，但早在1998年，北京市就为推进电子政府的建设开通名为“首都之窗”的网站集群。这一举措不仅实现了政务信息的公开透明，强化了行政监督，还通过网络信访等渠道加深了政府与市民之间的沟通联系，有力地推动北京市政务服务的信息化步伐。随后，北京市又分别于2004年和2005年出台《北京市电子政务建设管理办法》和《关于加强数字化管理加快电子政务建设的通知》等政策文件。同时，也有部分省份在政务服务领域积极探索信息化建设，尽管未能形成系统化的理论体系，但已初见成效。因此，从这些早期的实践探索来看，我国在数字政府建设方面的起步时间并不落后于欧美国家。随着“网络强国战略”与“数字中国建设”被提升至国家层面，数字政府作为其中的核心内容之一，其构建与发展自然受到了广泛关注。各省份结合自身实际情况，制定并出台了相应的规划方案，以加速推进政府的数字化转型进程。其中，以广东省的政府服务一体化、浙江省的“最多跑一次”以及上海市的“一网通办”等为代表的先进模式，不仅为全国其他地区提供了有益的借鉴与参考，更标志着我国数字政府建设已经步入了稳扎稳打、全面推进的新阶段。

第三节　数字政府创新发展及其动因解释

当前，中国数字政府改革融合多种治理模式的不同特点，并在适应中国特色的政治与行政系统以及技术环境的基础上，将这些要素有机结合，从而推动政务服务改革的实践不断深化。从实践角度来看，数字政府改革呈现出一种复合型的特征。自改革开放以来，中国政府不仅能够有效借鉴并将西方理论应用于中国的改革实践之中，更能在中国特有的政治体制和管理框架下，对西方理论进行分解、吸收，进而转化为符合本土实际的政策实践。在此过程中，政府始终坚持以问题为导向，努力将技术变革所带来的新变化融入政治与行政系统之中，通过制度化的创新设计，确保其合法性不受损害，同时也维护了人民群众的根本利益。

一、电子政务、“互联网+政务服务”与数字政府的辨析

（一）“互联网+政务服务”与电子政务的关系

“互联网+政务服务”被视作电子政务演进的最新阶段。电子政务是通过运用电子信息技术和管理理念，对传统政务活动进行持续革新与优化，旨在实现政府管理与服务的高效化。换言之，其主要依托信息与通信技术，尤其是互联网技术，为公民和企业提供更为便捷、可及的信息服务，进而提升公共服务的整体质量。有学者将电子政务称作电子政府，是指运用现代信息技术所构建的信息时代政府形态。从本质上来讲，电子政务与本书研究对象的内核是一致的。

从服务对象的维度来看，电子政务可被划分为政府间电子政务（G2G）、政府对企业电子政务（G2B）以及政府对公民电子政务（G2C）。政府间电子政务（G2G）主要涵盖政府机构内部及机构间的数据共享与电子交流，既包括国家一级的横向沟通，也涉及国家、省、市、县各级政府的纵向信息传递。政府对企业电子政务（G2B）则聚焦于与企业的各项活动，如商品和服务的销售、购买支付环节，以及为企业提供商业核心的服务。而政府对公民电子政务（G2C）致力于推动公民作为公共服务消费者的角色与政府之间的互动，其包括公共服务的电子化提供、民众在协商和决策过程中的参与互动。另有研究将电子政务概括为政府的电子行政管理和为公众提供的电子服务两大方面。

《联合国电子政务调查报告》是持续发布的系列报告，旨在对全球各国电子政务的发展状况进行全面的调查与评估。此报告将电子政务的发展划分为五个阶段，即初现、提升、交互、交易和无缝。本书基于该报告中关于电子政务在全球范围内的发展水平和程度，进一步阐释了电子政务的概念及其特征（见表 1-1）。通过表 1-1 可以清晰地看到，从广义角度来说，电子政务涵盖了公共部门所使用的各类信息、通信技术平台及应用。电子政务的最终目标在于向公民提供有效的政府信息，为公民和企业提供更优质的服务，并通过信息的获取和公共政策的参与，赋予公民更多的权利。

表 1-1　电子政务定义及理解的演化和相关发展

来源	定义
2001 年《电子政务标杆管理：联合国所有成员国电子政务水平的调查报告》（UNDESA，2001）	电子政务是为公民提供信息和服务的工具
2003 年世界公共部门报告：《处于十字路口的电子政务》（UNDESA，2003）	电子政务是指运用信息与通信技术，提升政府行政能力，传递公共价值
2004 年联合国全球电子政务完备程度报告：《迈向机遇》（UNDESA，2004）	电子政务是指政府通过运用所有的信息与通信技术，向公众提供信息和服务。它不仅面向政府的网络，更面向其他实体网络
2005 年联合国全球电子政务完备程度报告：《从电子政务到电子包容》（UNDESA，2005）	政府角色的转变，即从传统利用信通技术提供信息和服务向推动社会公平和包容性发展角色的转变
2008 年联合国电子政务调查：《从电子政务到整体治理》（UNDESA，2008）	电子政务是指通过互联网等信通技术实现政府内外部关系的转换，从而为实现服务供给、公众参与和治理等方面提供创新动力

续表

来源	定义
2014 年联合国电子政务调查：《电子政务成就我们希望的未来》（UNDESA，2014）	电子政务是指综合运用信通技术，通过简化环节、整合业务流程，共享数据和信息，提供高效优质公共服务，同时授权于民，积极拓宽公众参与渠道
2016 年联合国电子政务调查：《电子政务促进可持续性发展》（UNDESA，2016）	电子政务是指通过移动互联网服务，建立政府与人民之间的互动关系，为人们提供便捷有效的公共服务，使公众更多参与决策并提高政府机构的透明化
2018 年联合国电子政务调查：《发展电子政务，支持向可持续性和弹性社会转型》（UNDESA，2018）	电子政务被视为可持续发展的平台，目的是邀请所有利益相关方合作创造公共价值，从而为社会和共同利益作出贡献
2020 年联合国电子政务调查：《数字政府助力可持续发展十年行动》（UNDESA，2020）	电子政务被视为一个平台，整合多种渠道为公众提供服务，提高公众参与度并加强伙伴关系建设，以数据为中心，提升数字素养和增强数字服务能力
经济合作与发展组织（OECD）	电子政务是指信息和通信技术的应用，尤其是互联网的应用，从而使政府更好地履行职能
世界银行（WB，2015）	电子政务是指政府机构通过运用信通技术（如局域网、互联网和移动互联网），连接并转化与公民、企业、其他政府机构间的关系。其目的主要包括：更好地向公民提供政府服务；改善与商/企业的互动关系；自由免费地访问政府信息；扩大公众参与；实现更加高效的公共行政。最终的益处在于增加政府透明度，提升服务便利度，促进经济增长或成本下降

联合国经济和社会事务部对电子政务的发展阶段进行了系统的划分，这些阶段包括初现、提升、交互、交易，以及无缝。此外，根据服务交付的不同内容，其还将电子政务细分为新兴、增强、互动、交易以及网络化存在等阶段。这样的划分有助于更全面地理解电子政务的发展进程，并为各国政府提供了明确的参考框架，以指导其在电子政务领域的持续发展。

我国学者对电子政务发展历程也进行了阶段化解读，从服务模式创新角度审视，按照公众服务需求，在线政务服务被划分为信息发布、单向互动、双向互动、网上办事和“一网通办”阶段。

（二）“放管服”“互联网+政务服务”与营商环境关系的辨析

1. “互联网+政务服务”与“放管服”的关系

“互联网+政务服务”在推动“放管服”改革深入实施中扮演着举足轻重的角色。我国“放管服”改革的核心目的在于优化服务供给。无论是对行政审批制度的改革，还是对市场监管逻辑的调整，均体现了这一宗旨。“互联网+政务服务”被视为政府职能转变、裁量权缩减、政府透明度提高以及便民服务质量提升的关键改革举措。腾讯研究院将“互联网+政务服务”界定为一种新型服务模式，它以“放、管、服”为基石，以信息技术为依托，实现了从“群众跑腿”到“数据跑动”的转变。在线技术、大数据及互联网技术的融合应用，有效促进了政务服务效率的提升。政府正通过大力推进“互联网+政务服务”工作，不断深化和拓展“放管服”改革的广度及深度。

通过对比国家发布的相关政策，可以进一步厘清“放管服”改革与“互联网+政务服务”改革之间的异同（见表1-2）。“放管服”改革无疑是党的十八大以来在公共行政领域推行的最为核心的改革内容。显而易见，其中涵盖推进“互联网+政务服务”的改革举措。从“放管服”改革的总体目标来审视，其主要是为营商环境提供有力支撑，并为群众办事带来更大便利。在这一背景下，“互联网+政务服务”被视为实现这些目标的关键手段。因此，可以将“互联网+政务服务”视为优化服务的具体体现，而优化服务则是“放管服”改革中不可或缺的一环。

表1-2 “放管服”改革和“互联网+政务服务”改革目标及措施对比

“放管服”改革				“互联网+政务服务”改革	
总体目标	任务措施			总体目标	任务措施
促进就业创业降门槛； 减轻各类市场主体负担； 激发有效投资拓展空间； 为公平营商创条件； 为群众办实事，为生活增便利	简政放权： 行政审批改革； 推进投资审批改革； 做好职业资格改革； 推进商事制度改革； 开展收费清理改革和监督检查； 扩大科教单位自主权； 推动政务公开	放管结合： 实施公正监管； 推进综合监管； 探索审慎监管； 促进各类市场主体公平竞争	优化服务： 提高“双创”服务效率； 提高公共服务供给效率； 提高政务服务效率； 推动营商环境国际化、法治化、便利化	建设一体化网上政务服务平台； 全面公开政务服务事项； 政务服务标准化、网络化； “一网通办”、跨省通办	政务服务再造； 融合升级平台； 跨层级服务； 建设新型数字政府； 创新服务模式； 建立“好差评”制度

2. 数字政府与营商环境概念

数字政府作为推动营商环境优化的核心驱动力，其重要性日益凸显。在世界银行制定的营商环境评价指标体系中（见表1-3），十个关键指标与“一网通办”紧密相连，凸显了“一网通办”在实现营商环境优化中的关键作用。从放宽市场准入条件、打破地域性保护壁垒，到缓解小微企业在融资方面的难题，再到吸引外资投入、降低进出口贸易成本和简化退税流程，以及简化企业投资决策流程、实施清单管理制度、降低企业运营成本、强化事中事后监管机制、加强知识产权保护等一系列举措，均聚焦于为企业提供更加优质的服务和打造更优的营商环境。而数字政府则为这些政策的落地实施提供了坚实的技术支撑和基础。

表 1-3　世界银行营商环境评价指标体系（2020 年）

指标	涉及内容	"一网通办"相关
开办企业	创办企业的程序、花费的时间、成本和最低实收资本	√
办理建筑许可	获得建筑许可所有手续的程序、所需的时间和成本，以及施工许可系统中要求的质量控制和安全机制	√
获得电力	连接电网的程序、花费的时间和成本、供电的稳定性，以及收费的明细	√
产权登记	产权转让的程序、花费的时间和费用，以及不动产管理系统的质量	√
获得信贷	动产抵押的法律程序和信用信息系统	√
保护中小投资者	重视中小股东在公司治理中的权利	√
纳税	公司纳税税率、金额、次数和时间，以符合所有税收法规和流程	√
外贸交易	进出口通报关和审查的流程、费用	√
合同执行	合同执行的可靠性、解决商业纠纷所担负的时间和成本，以及司法系统的质量	√
办理破产	企业破产的程序、时间、成本、结果和回收率，以及破产法律框架的范围及强度	√
雇佣员工	就业监管的灵活性、对雇员的法律保障	
政府外包	政府采购及其监管框架、签订项目合同的程序和时间	

从某种意义上说，优化营商环境就是面向企业更加具体地优化政务服务内容，政府关注的重点转向了企业，从地方机构改革设置名称中可以发现这一变化。比如，辽宁省将政务服务管理机构称为营商环境建设局。

二、政务服务创新模式与发展特征

（一）创新政务服务模式与应用

在数字化社会的时代背景下，中国政府已将数字政府建设视为推动行政改革的关键环节和重要手段。新一代数字技术使政府治理模式的创新成为可能，可参考发达国家在数字政府建设方面的先进经验，并结合国内"互联网+政务服务"创新试点的实践成果，如深圳市推行的"同城通办""就近办""一站式服务"；浙江省全力推进的"最多跑一次"改革；江苏省打造的"不见面审批（服务）"；北京市构建的一流营商环境；上海市开创的"一网通办"等。地方政府在探索政务服务新模式的过程中，不断展现出其能动性、主动性、统筹力和重塑力。推动数字政府建设的核心在于以数据为驱动的改革，充分发挥"互联网+"

的增量效应和大数据的倍数效应，优化资源配置，实现互联网与基本公共服务体系的深度融合。数据共享和业务协同的壁垒得以打通，从而催生出一种全新的数字政府发展模式。

除了网端渠道，还存在其他第三方平台或端口，如“支付宝”以及“两微一端”等政务新媒体。这些平台正在探索智能自动化的流水线模式，以推动政务服务模式的创新。在战略方向、战略任务和战略举措的指引下，各平台依据实体中心和虚拟中心的主次关系，推动各个端口和平台之间的无缝对接。在这种框架下，需要重新构建政府与民众之间的互动关系。最终目标是实现一个界面就能满足企业和民众的所有需求，从而提升政务服务的效率和便捷性。

学术界也将“互联网+政务服务”模式的创新实践拓展至应急救援管理领域，如电梯应急服务等。同时，该模式在监管方面也得到应用，如价格调控与监管服务、金融科技监管等。此外，城市民族事务管理以及社会保障信息服务等领域也采纳了此种创新模式。

（二）数字政府发展的特征

有学者对当前“互联网+政务服务”的发展特征进行了总结：高层统筹规划与地方先行先试同步进行、政策试验与创新扩算深度融合、地方试点与全国性经验推广共同发挥作用，进而优化政务服务。在此过程中，技术与制度的双重驱动引领组织变革，为“互联网+政务服务”的深入发展注入动力。互联网企业在数字政府建设中发挥着举足轻重的作用，其核心竞争力体现在技术能力、基于场景的数据应用方法以及以用户为中心的服务理念上。另有学者提炼了地方政府在提升“互联网+政务服务”方面的五大创新策略，即构建组织创新团队、建立良好的公私合作伙伴关系、构思开发设计服务产品、在辖区内持续宣传和提高社会美誉度。

从长周期来看，数字政府政策演变有三条主线，即规划阶段强调顶层设计、执行阶段强调分散试点、统一工程，以及将互联网思维应用于服务和监管中，其特征主要体现在核心目标、顶层设计、政策议题、业务架构和技术基础上。

三、数字政府技术采纳与推进逻辑

（一）基于技术采纳对数字政府的模型分析

2003 年，国外有学者对技术采纳相关的理论及模型进行了系统性总结，共分为八种，它们分别是：理性行动理论、计划行为理论、激励模型、技术接受模型、综合性计划模型、集成综合模型、创新扩散理论以及社会认知理论。基于前人的研究，Viswanath Venkatesh 等进一步提出了技术接受和使用的统一理论（UTAUT），明确了影响技术使用意图的四个核心要素，包括绩效期望、努力期望、社会影响和便利条件，并指出了四个关键的调节变量，即性别、年龄、经验和自愿使用意愿。UTAUT 为评估新技术引进的成功概率提供了有力的工具。另外，Yogesh K. Dwivedi 等提出了电子政务公众采纳的整合模型（UMEGA），该模型在中国被用来评估民众对数字政府的接受度，特别是将公众行为细分为信息查询和事务办理两类，从而深化了在线政务行为研究的理论基础。实证研究显示，UMEGA 在中国背景下的解释度达到了 65.0%，具有一定的适用性。

学者们对中国政府网站进行研究的视角多样，例如，有研究基于技术接受理论来构建政府网站信息系统持续使用模型。已有模型共同形成了一个分析公众持续使用政府网站意向的框架。同时，也有学者运用创新和政策扩散的理论来阐释公众对政府网站的接受或采纳意愿及行为，旨在推动民众与政府的交流互动。钱丽综合技术接受基础模型、持续使用模型和信任理论，从感知信任、环境特征及公众满意度三个维度，构建了基于过程的数字政府公众采纳模型。李燕借助扎根理论，深入探讨了数字政府公民获得感的理论内涵及其测量维度，其中主要涵盖了系统质量、服务质量、信息质量、可得性、实效性、成本以及公平性等关键维度。

（二）数字政府的推进逻辑

阎波从“拟战论”视角出发，以西安推进“互联网+政务服务”工作实践为例，分析地方政府化解民众“办事难”的制度逻辑。李云新和吕明煜采用多案例研究方法，总结了“互联网+政务服务”平台建设的四大动因，即科层逻辑、竞争逻辑、服务逻辑和学习逻辑，并从平台建设的主办者、使用者和示范对象三大主体方面分析了平台建设的绩效。魏志荣和赵兴华基于政府创新扩散理论，研究了一体化政务服务平台建设的影响因素，研究发现，上级压力、邻里竞争、本省企业数量、政府网站绩效与其有显著的正向关系。有研究者从服务内容实用性、业务办理便捷性、咨询服务有效性以及服务资源可利用性四个维度，构建了数字政府的发展测度体系。这一体系基于用户需求，深入考量了政务服务的各个方面。政务服务网的建设不仅是政府自我革新的重要举措，更是变革政府治理体系的积极探索。通过推动行政权力在网上规范运行，优化业务流程，提升用户在线服务体验，深化政务信息公开，加强数据归集与共享，以及推进数字基础设施的集约化建设，使政务服务逐步从不平衡的低水平状态向一体化智慧政务服务迈进。这一转变不仅是工具层面的升级，更是模式层面的变革。

（三）数字政府对其他方面的影响

数字政府在推动经济社会进步、改善营商环境及推动创业活动等方面发挥了重要作用。李春根和罗家为研究指出，数字政府通过赋权与增能的手段，为地方发展创造了有利的软环境。这种环境通过线上、线下及全面融合的方式，有效减轻行政负担，进而优化了整体的营商环境。在此过程中，基层行政人员作为数字政府治理的核心执行者，其行政复合能力的提升则有赖于学习培训、考试审核以及绩效考核等机制的共同作用。

四、数字政府相关成效评估

国内外研究机构、高等院校或国际组织建构不同的指标对中国电子政务发展水平进行整体性评估。中国优化政务服务的成效主要从国内比较和国际比较两个方面来审视，前者是省级政府网上政务服务能力的对比，后者则是从全球的政府改革实践来看中国政务服务的发展效率和改革程度。

（一）国内比较

自提出建设数字政府以来，许多高校、研究机构、社会组织机构都对政务服务发展水平作出了有益的分析，为政府政策决策提供了相当有依据的建设性意见和改进措施。为此，本书选择了四家第三方评估报告对其进行分析（见表 1-4）。

表 1-4　第三方评估报告部分内容比较

	网上政务服务能力调查评估报告	地方政府互联网服务能力发展报告	全国政务热线服务质量评估报告	省级移动政务服务能力调查评估报告
评估组织	中央党校（国家行政学院）电子政务研究中心	电子科技大学智慧治理研究院、成都市经济发展研究院等	中山大学、清华大学、政务热线发展联盟等	中国软件评测中心
数据采集方式	采取实时信息监测、后台信息抓取、在线问卷调查等手段	以泛互联网数据为监测采集对象，以大数据监测分析为手段，机器自动、智能化采集与人工验证相结合	采用情景模拟、匿名电话问卷调查，以及数理统计、对比分析等方式	自动化工具和人工采集相结合
评估对象	31 个省级政务服务平台和 32 个重点城市平台	全国 344 个地级行政区网	全国多个样本城市政务热线	32 个省份面向公众提供移动服务的应用：移动客户端和小程序
评估指标	服务方式完备度、服务事项覆盖度、办事指南准确度、在线办理成熟度、在线服务成效度（“好差评”制度建设）	服务供给能力、服务响应能力、服务智慧能力	目标实现、过程体验和价值创造，以及服务创新	使用便捷度、内容实用度、安全保障度

政务服务能力水平是衡量政府便企利民的重要指标。网上政务服务能力调查评估报告显示，北京、广东等 8 省市一体化政务服务能力总体指数非常高（≥90

分），占比 25%；天津、河北等 18 个省市一体化政务服务能力总体指数为高等级（80 分≤得分<90 分），占比 56.25%；西藏、陕西等 6 个省区一体化政务服务能力总体指数为中等级（65 分≤得分<80 分），占比 18.75%。在历年的等级调整中，指数"非常高"的地方政府大幅度增加，从 2016 年的 3 个上升到 2020 年的 8 个；指数为"高等级"的地区成倍增加，从 9 个上升到 18 个；指数为"中等级"的地区从 18 个下降至 6 个；指数为"低等级"的地区于 2019 年完全消失。

地方政府互联网服务能力发展报告显示，得分属于创新领先类，位于 A 类等级（≥80.26 分）的占比 8%；得分属于积极追赶类，位于 B 类等级（63.67 分≤得分<80.26 分）的占比 62%；得分属于稳步推进类，位于 C 类等级（50.83 分≤得分<63.67 分）的占比 25%；得分属于亟待发展类，位于 D 类等级（得分<50.83 分）的占比 5%。其中，创新领先类从 2018 年的 12 个上升到 2019 年的 14 个，2020 年增长至 23 个，创新领先类平均得分分别为 79.24 分、82.59 分和 82.87 分。

全国政务热线服务质量评估报告显示，2020～2021 年，获得"A+"的城市占比由 2.36%上升至 2.99%；获得"A"的城市占比由 9.46%上升至 9.85%；获得"B+""B"的城市占比由 26.93%变动为 26.87%；获得"C+""C"的城市占比则由 31.07%升至 31.64%；获得"D+""D"的城市占比由 16.28%下降至 15.82%；获得"E+""E"的占比由 13.9%下降至 12.83%。

中国软件评测中心评估了各省份移动政务服务能力，结果显示，浙江和广东属于优秀等级（得分≥80 分）；北京、上海、安徽和广西为良好等级（60 分≤得分<80 分）；天津等 17 省市为发展等级（40 分≤得分<60 分）；河北、山西等 9 省份为起步等级（得分<40 分）。

综上所述，国内政府在一体化平台的建设方面取得了明显的成效，地方政府的服务能力普遍达到了较高水平。政府在线一体化政务服务平台体系逐渐完善并发挥了重要作用，数据的集中、开放和共享度得到了显著提升。然而，政府间的差距仍然显著，整体呈现出"东强西弱、南强北弱"的分布格局，且服务内容存在较大差异。珠三角地区在全国处于领先地位，成渝、京津冀、长三角等地区的数字政务区域协调发展一体化趋势逐渐显现。后进省份呈现追赶态势，逐渐缩小差距。移动新媒体已成为新的社会治理工具，"一网通办"和"指尖办"正逐渐成为现实。

（二）全球视角的成效比较

通信技术高速发展，数字转型、数字倡议与数字战略席卷整个世界，数字转型现在被所有类型的利益相关者视为一个关键问题，包括政府（中央和地方）、公司（大公司和小公司）以及公民个人。

许多高校、研究机构、社会组织机构都对数字政府转型作出了有益的分析，为各国政府决策提供了相当的依据。为此，本书选择了三家机构发布的有关评估报告来进行分析（见表1-5）。

表1-5 国际数字政府评估报告比较（2020年）

	联合国电子政务调查报告	国际数字政府评估排名报告	网络准备度指数报告
评估组织	联合国经济和社会事务部（UNDESA）	早稻田大学数字政府研究所	葡萄牙研究所
数据采集方式	国际电信联盟提供的数据、联合国教科文组织提供的人力资本指数、独立在线服务调查（OSQ）问卷收集的数据	问卷调查、组织聚类	其他组织指数、独立在线调查、问卷收集数据等
评估对象	联合国193个会员国的网上信息和服务	世界范围内的64个国家和地区	全球122个经济体
评估指标	电信基础设施指数（TII）、人力资本指数（HCI）、在线服务指数（OSI）	网络基础设施准备、管理优化、在线服务、国家门户网站、首席数据官、数字政府推广、电子参与、开放政府数据和数字化转型、网络安全、数字政府中的新兴技术	技术：接入、内容和未来技术 主体：个体、企业和政府 治理：信任、规制和包容 影响：经济、生活质量和对SDG的贡献

《联合国电子政务调查报告（2022）》的结果表明（见表1-6），丹麦、芬兰、韩国、新西兰、瑞典、冰岛、澳大利亚、爱沙尼亚、荷兰、美国位列前十位，属于全球电子政务发展水平非常高的国家。中国的电子政务发展指数为0.8119，比2020年的0.7948有所提升，全球排名也从第45名提高到第43名，在全球属于较高的水平。此外，该报告还对每个国家人口最多的一座城市政府网站进行评估，共有146座城市的政府网站参与评估，中国的上海得分为0.8837，位列全球第10。

表1-6 联合国电子政务调查报告结果（2022年）

项目	国家
电子政务发展指数国家排名前十	丹麦、芬兰、韩国、新西兰、瑞典、冰岛、澳大利亚、爱沙尼亚、荷兰、美国（中国为第43位）
国家人口最多城市评估排名前十	德国的柏林、西班牙的马德里、爱沙尼亚的塔林、丹麦的哥本哈根、阿联酋的迪拜、俄罗斯的莫斯科、美国的纽约、法国的巴黎、新加坡的新加坡市、中国的上海（第10位）

《第15届国际数字政府评估排名报告》相关结果显示（见表1-7），在国际数字政府的整体排名当中，美国排第1位，其数字战略主要基于日益增长的移动5G业务，确保政府在数字世界中的政策调整，开放政府数据以刺激创新。中国排第37位，位于南亚国家菲律宾（66.103）和东欧国家捷克（65.962）之间。

表1-7　国际数字政府评估排名

项目	国家（得分）
部分国家	美国（96.287）、丹麦（94.605）、新加坡（93.497）、英国（92.129）、爱沙尼亚（91.541）、澳大利亚（88.379）、中国（65.983，第37位）

网络准备度指数排名显示（见表1-8），瑞典、丹麦和新加坡排前3位，全部属于高收入国家。在未来技术方面，美国仍然是无可争议的全球领导者，事实上，它在该技术指标中有五项次级指标均排名前十。中国现在则是人工智能、电子商务、5G等关键领域的全球竞争者。世界上人口最大的两个国家——中国和印度，分别排第40位和第88位，这两个国家都是一些最先进和创新的企业、组织的所在地，然而在向普通民众普及通信技术和技能方面依然面临挑战。在所有中高收入国家中，中国排第2位，仅次于马来西亚（整体排第34位），位于保加利亚（整体排第46位）之前。

表1-8　网络准备度指数排名

项目	国家（得分）
部分国家	瑞典（82.75）、丹麦（82.19）、新加坡（81.39）、荷兰（81.37）、瑞士（80.41）、芬兰（80.16）、挪威（79.39）、美国（78.91）、中国（58.44，第40位）

根据评估结果，全球各国在电子政务和在线服务领域均取得了显著成效，在线政务服务能力得到大幅提升，服务范围持续拓展。然而，区域间的“数字鸿沟”或服务差距问题仍未得到根本解决。随着国家门户网站功能的日益丰富，移动服务正逐渐成为新的发展潮流。政府正在努力改善与民众之间的信息共享关系。值得注意的是，经济收入水平已不再是决定电子政务可持续发展的唯一因素。在数字政府转型的过程中，愿景规划、数字领导力、价值驱动、场景与情景分析、数据治理、信息通信技术基础设施、监管评估机制以及伙伴关系和社会能力的发展等，共同构成了数字政府转型的核心支柱和关键因素。

优化营商环境是在线政务服务的重要目标之一。根据腾讯研究院的研究结果，数字政务指数与营商环境得分之间存在显著的相关性：数字政务指数每降低

1个点，营商环境得分就会相应减少0.02个点（$p<0.01$）。世界银行发布的《2020年营商环境报告》指出，营商环境的构成和影响因素众多，其中包括与商业规制相关的一系列指标，如企业开办流程、时间、最低资本金要求、开工许可证办理、电力获取、不动产登记、信用体系建设、中小股东权益保护、纳税制度、对外贸易便利化、合同执行程序、破产清算制度、员工雇佣政策以及政府履约能力等，这些因素共同构成了评价营商环境优劣的关键软环境指标。中国的营商便利度得分为77.9，从2016年的第84位（得分为62.93）上升至第31位。排名提升的主要原因在于中国为改善中小企业的营商环境在政务服务方面做出许多努力，包括企业注册登记“一站式”服务、分类简化工程建设项目许可审批、精简办理接水用电流程、实施减税降费政策、开通电子化办理申报和缴纳税收渠道、提升执行合同便利程度，以及开通自贸试验区、升级港口基础设施、简化通关流程和进出口程序等。

（三）数字政府能力生产逻辑

根据国外研究文献，在数字政务发展的关键驱动要素中，经济发展占据核心地位，同时，技术的发展水平也起到重要作用。另外，有研究进一步揭示了推动数字政务发展的其他因素，如政治机构的特性、国家治理的规范性以及公共部门的效能。在考察各国在线服务能力的差异时，研究发现，互联网普及率、教育水平和民众化程度对在线服务能力具有深远影响。

基于社会—技术—组织框架，学者们深入探讨了影响地方政府互联网能力的诸多因素。研究显示，经济发展水平、公众对服务的需求、信息化程度、省级政务服务平台的建设情况，以及邻里间的相互影响，均对政务服务能力有显著影响。这些因素的有效改善能够直接提升政务服务的整体水平。此外，其他研究也指出，治理需求（涵盖人口规模、网络用户数量、人均GDP等）和政府能力（包括财政状况、政府工作效率及制度环境）同样是决定政务服务水平高低的关键因素。在阐释地方政府互联网服务能力差异性的问题上，有学者提出，互联网普及率、公众需求、人力资本以及来自上级的压力对在线办理能力具有显著影响，且这些影响受到地域因素的调节。还有学者通过构建不同的路径组合模型，如制度—环境驱动型、制度—资源驱动型和综合联动型，来进一步解释这些差异性。另外，有研究表明，技术理性和政治理性对互联网政务的供给、响应和智慧能力的影响呈现出一种模式化的差异，而互联网服务能力的均衡发展则受到统筹压力和数据驱动能力与统筹压力之间交互作用的影响。

关于政府服务平台服务能力影响因素的研究显示，除了政务微信之外，各地区间的电子服务并未呈现明显的“数字鸿沟”。有研究者运用直觉模糊层次分析法，系统地构建了政务客户端（App）服务效能的评价方法。在数字政府的框架下，跨层级数据协同机制的核心观点涵盖了数据认可与协商、数据同步与对比、数据查询与反馈，以及针对社会机构的数据导入机制。同时，网络安全机制方面的研究则聚焦于跨层级的信息共享与业务协同、自上而下的监督考核，以及系统和人员安全能力的全面提升。

有学者利用定性比较分析法深入探究了数字政府能力的影响因素，其研究显示，存在三种条件组合与两种生成能力。有学者提出了提升"互联网+政务服务"供给能力的三种类型，它们分别是需求—支持型、压力—支持型以及平衡型。一项关于资源优势对政务服务能力影响的研究则揭示了四种路径模式，包括领导驱动型、技术驱动型、财政—技术双驱动型以及全面驱动型。在探讨高水平政务环境的形成过程中，有学者发现了三种生成路径：技术优化与组织管理的结合、组织管理与需求回应的结合，以及技术优化、组织管理与需求回应三者的综合。此外，还有研究聚焦于地方政府网站建设绩效的差异性，指出驱动高水平绩效建设的路径有四种，即技术型、技术—平衡型、组织—环境型以及环境—平衡型。

第四节　数字政府的挑战

一、政府职能的转变问题

数字政府中政府职能的转变主要体现在从传统的以管理为主，向更加注重服务、效率和公众参与的方向转变。在数字技术的推动下，政府需要不断优化服务流程，提高办事效率，实现政务服务的线上化、智能化和便捷化。同时，政府还需要加强数据的收集、分析和利用，提高决策的科学性和精准性，更好地满足人民群众的需求。此外，政府职能的转变也要求政府加强与公众的互动和沟通，鼓励公众参与政府决策，提高政府的透明度和公信力。总之，数字政府中政府职能的转变是一个复杂而系统的过程，需要政府不断探索和创新，以更好地服务于人民群众，推动经济社会的持续健康发展。

二、人员素质提升问题

数字政府建设中，人员素质提升是至关重要的一环。随着数字技术的快速发展，政府工作越来越依赖于高效的信息技术和数字化工具，这就要求政府人员必须具备相应的数字素养和技能。为了提升人员素质，政府应加大培训力度，定期组织信息技术和数字化应用方面的培训，确保人员能够熟练掌握新技能。同时，还应建立激励机制，鼓励人员自主学习和创新实践，不断提高自身在数字政府建设中的贡献度。此外，政府还应注重引进和培养具备数字化专长的人才，为数字政府建设提供坚实的人才保障。通过这些措施，政府可以全面提升人员的数字素养和综合能力，推动数字政府建设不断迈上新台阶。

三、新的社会治理问题

在数据壁垒方面，各部门、各地区间数据共享和交换不畅，导致产生“信息孤岛”和重复建设的现象，影响了数字政府建设的整体效能。信息安全则是数字政府建设的基石，如何保障政务数据的安全传输、存储和使用，防止信息泄露和应对网络攻击，是数字政府建设必须解决的重要问题。此外，随着新一代数字技术的深入应用，个人隐私保护也面临着前所未有的挑战。因此，在数字政府建设中，需要不断完善相关法规制度，加强技术防范，提升人员素养，以全面保障数字政府安全、高效和可持续发展。

四、信息安全和个人隐私信息问题

在数字政府建设中，信息安全和个人隐私信息问题至关重要，它们直接关系到数字政府的稳定运行和公众的切身利益。首先，信息安全是数字政府建设的基石。政务数据的安全传输、存储和使用是数字政府正常运作的前提。然而，随着网络技术的迅猛发展，政府信息系统面临着越来越多的安全威胁，如黑客攻击、病毒入侵、数据被篡改等。这些威胁不仅可能导致政务数据的泄露，还可能影响政府的决策效率和公信力。因此，加强信息安全防护，建立完善的信息安全体系势在必行。其次，个人隐私信息保护是数字政府建设中不可忽视的一环。数字政府建设涉及大量个人隐私信息，如个人身份信息、健康信息、财产信息等。如果这些信息得不到妥善保护，被泄露或滥用，将会对个人隐私造成严重侵害，甚至引发社会信任危机。因此，政府必须高度重视个人隐私信息保护，制定严格的隐私保护政策和措施，确保个人隐私信息的安全可控。

为了解决数字政府建设中的信息安全和个人隐私信息问题，政府需要采取一系列措施，包括加强信息安全技术研发和应用，提升信息系统的安全防护能力；完善信息安全法规制度，明确各方责任和义务；加强信息安全培训和教育，提高人员的信息安全意识和技能。政府应与各方共同合作，形成全社会共同维护信息安全和保护个人隐私的良好氛围。此外，还应建立健全审计和追责机制。

第二章　概念界定与理论视角分析

第一节　概念辨析

一、电子政务

电子政务是指政府运用现代信息技术和通信技术，通过网络平台实现政务活动的数字化、网络化、智能化和高效化，以提供更加便捷、高效、透明的公共服务。电子政务涵盖了政府在互联网上进行的各种行政管理和公共服务活动，包括政府信息发布、在线办事、政民互动等。通过电子政务，政府能够打破时间、空间的限制，实现政务服务的全天候、全方位提供，提高政府工作效率，降低行政成本，同时也有助于增强政府的透明度和公信力，促进政府与民众之间的沟通与互动。电子政务已经成为现代政府治理的重要方式和手段，对于推动政府治理体系和治理能力现代化具有重要意义。

二、虚拟政府

虚拟政府是地方政府通过信息技术和网络平台，把政府职能转移给社区、企业或个人，同时政府只负责监督的一种新型组织形式。这种形式的政府利用网络等现代信息技术，将传统地理分布的多个政府机构的业务集成起来，实现高效、便捷的政务服务。虚拟政府打破了传统政府与社会的割裂，企图消解政府与社会的矛盾，创建一种政府与社会合作生产的模式。通过虚拟化应用，政府能够以更低的成本、更高的效率提供服务，并且能够更好地适应快速变化的社会环境。虚拟政府是电子政务发展的重要方向之一，对于提升政府治理能力、提升公众满意度具有重要意义。

三、数字政府

数字政府是指以新一代信息技术为支撑，通过构建大数据驱动的政务新机制、新平台、新渠道，对政务信息化管理架构、业务架构、技术架构进行重塑，以进一步优化调整政府内部的组织架构、运作程序和管理服务。这种治理模式旨在全面提升政府在经济调节、市场监管、社会治理、公共服务、生态环境等领域的履职能力，形成“用数据对话、用数据决策、用数据服务、用数据创新”的现代化治理模式。

数字政府、电子政务和虚拟政府之间存在紧密的逻辑关系。数字政府是运用新一代信息技术对政务进行全面数字化的高级阶段，它涵盖了政府治理的各个方面，强调数据驱动和整体优化。电子政务则是数字政府的重要组成部分，主要侧重于政务活动的电子化和网络化，如在线办事、信息发布等，旨在提高政府效率和透明度。虚拟政府则是一种组织形式，通过信息技术和网络平台实现政府职能的转移和监督，它代表了政府与社会合作的新模式。可以说，虚拟政府是电子政务和数字政府在某些方面的具体体现，同时也是对传统政府形态的一种创新和补充。这三者共同作为现代政府治理体系的重要组成部分，相互补充、相互促进，共同推动着政府治理向更加高效、便捷、透明的方向发展。

四、移动数字政府

移动数字政府是利用移动技术、云计算、大数据、物联网等现代信息技术手段，实现政府管理、公共服务和社会治理的数字化、智能化和移动化的新型政府形态。在移动数字政府的框架下，政府能够通过移动设备和应用程序，为公众提供更加便捷、高效、个性化的政务服务，同时提升政府的治理能力和决策水平。移动数字政府的核心特点在于其具有移动性和便捷性。通过移动设备，公众可以随时随地获取政府服务，无需前往实体政府机构。此外，移动数字政府还具备智能化特征，能够利用大数据和人工智能技术，对海量数据进行分析挖掘，为政府决策提供科学依据。移动数字政府的建设涉及多个方面，包括移动政务服务平台的建设、政务数据的整合与共享、移动应用的安全保障等。通过这些措施，移动数字政府能够打破时间和空间的限制，让政务服务更加贴近公众需求，提高政府工作的透明度和效率。

移动电子政务，正是各国政府在大数据时代背景下为提高行政效能而进行的积极探索，其服务方式如图 2-1 所示。移动网络用户数量的几何级增长，以及智能应用程序在各领域的覆盖，为移动政务的推广奠定了坚实的基础，使政府信息传播方式和服务方式的多样化和便捷化得以实现。凭借传统电子政务无法比拟的

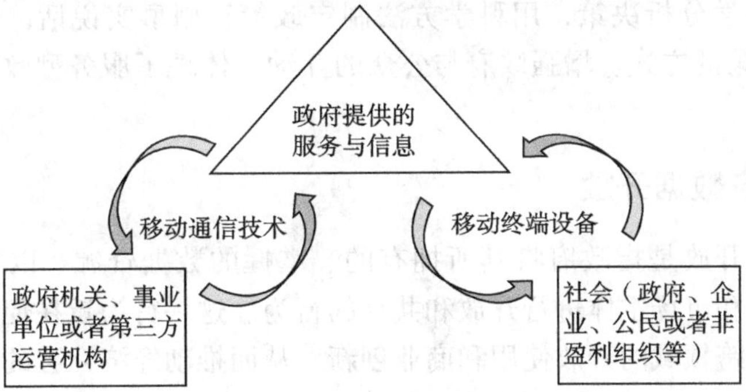

图 2-1　移动电子政务服务方式

优势，移动政务可以轻松突破物理空间的限制，不受限于办公地点，也可满足公众的个性化需求，实现办公时间的灵活掌控等。所以，移动电子政务因流动性强、简捷便利的特点而成为最受政府青睐的一种治理创新模式。政府通常是全社会最大的信息资源的拥有者，并且是处理者，同时也是最大的信息技术用户。各级政府通过技术手段获取最为完整的国民综合信息，结合实际情况，为统筹发展规划、组织协调等作出科学决策，从而在整体上促进政府治理水平的提高。

五、数据治理

数据治理通过一系列与信息相关的过程来实现决策权和职责的分配，这些过程按照达成共识的模型来执行。这个模型明确了谁（Who）能根据什么信息，在什么时间（When）和情况（Where）下，用什么方法（How），采取什么行动（What）。这样一来，数据治理不仅关注数据的来源和质量，还关注数据的使用方式和效果，确保数据能够在组织的各个层面得到有效利用。数据治理的核心内容包括制定数据策略与规则、明确数据所有权与责任、确保数据质量、保障数据合规性，以及设立数据治理委员会或团队等。这些措施共同构成了数据治理的基石，为数据管理提供全面的指导和支持。

在实施数据治理的过程中，企业需要遵循一系列主要方法，如数据分类与标准化、数据质量管理、数据安全与隐私保护、数据生命周期管理等。这些方法为企业提供了具体可操作的指导，有助于企业更好地管理和利用其数据资产。数据治理也是数据组织和管理的重要组成部分，它能够帮助企业更好地管理和利用其数据资产，提升数据的价值，并为企业的持续发展提供有力支持。

综上所述，数据治理就是将数字技术与治理理论相融合，要求整合不同职能的团队，通过数据发现问题、分析问题、制定规则、解决问题。面对越来越复杂的社会发展需求，仅靠经验来运行复杂庞大的决策系统是远远不够的，必须基于数据来进行科学分析决策，用科学方法制定政策，用事实说话，告别依靠直觉“拍脑门”决策的方式。增强政府与公众的互动，体现了服务型政府与善治政府理念。

六、政府数据开放

政府数据开放是指政府将其所拥有的、掌握的数据资源，以各种形式向公众、社会组织和市场主体进行开放和共享的行为。这一行为旨在促进数据的跨部门、跨机构、跨领域的开放使用和商业创新，从而推动经济社会的发展和政府治理能力的提升。

政府数据开放涵盖了多个方面，包括公开信息的发布、重要数据的共享、开放接口的提供等。具体来说，政府会将各类公开信息，如政策文件、统计数据、公共服务信息等，以文档等格式发布到官方网站、政务公开平台和搜索引擎上，供公众查询、下载和使用。同时，政府还会将生产过程中产生的重要数据，如地理空间数据、人口统计数据、经济运行数据等，以标准化的数据库形式进行开放，方便企业、社会组织和开发者进行二次开发和利用。此外，政府还会开放应用程序接口（API），允许外部组织和开发者接入政府的数据资源，从而推动基于政府数据的应用和服务创新。

在实施政府数据开放的过程中，需要遵循一些基本原则。首先是数据的安全性和隐私性保护。政府在开放数据的同时，必须确保数据的安全性和对个人隐私的保护，防止数据被滥用或泄露。其次是数据的准确性和可靠性保障。政府需要确保所开放的数据的准确性和可靠性，避免因数据错误或误导而对公众和社会造成不良影响。最后是数据的可持续性和长期性维护。政府需要建立完善的数据更新和维护机制，确保数据的时效性和可用性，从而满足公众和社会的长期需求。

总体来说，政府数据开放是一项重要的战略举措，对于推动经济社会的发展和提升政府的治理能力具有重要意义。在未来，随着技术的不断进步和应用的不断深化，政府数据开放将会发挥更加重要的作用。

第二节　数字政府的内涵

一、数字政府的演变

数字政府的演变，从政策层面来看，可以划分为三个主要阶段。这些阶段反映出政府如何利用信息技术，逐步优化公共服务、提高治理效率，并适应日益复杂的社会经济环境。

第一阶段：电子政务的初步实施。政府开始意识到信息技术在提升服务效率和透明度方面的潜力，并着手将传统的政务服务电子化。这包括建立政府门户网站、提供在线服务、实现公文处理的电子化等。这一阶段使政府能够更便捷地与公众互动，同时也为政府内部的信息共享和协作打下了基础。在政策层面，这一阶段主要关注电子政务的顶层设计和基础设施建设。政府出台了一系列政策文件，明确了电子政务发展的目标和方向，并投入大量资源用于信息基础设施的建设和升级。这些举措为电子政务的快速发展奠定了坚实的基础。

第二阶段：数据驱动的政府治理。政府开始充分利用数据资源，实现数据驱动的决策和服务。政府通过构建大数据平台，整合各类数据资源，进行深度挖掘和分析，为决策提供科学依据。同时，云计算等技术为政府提供了强大的计算和存储能力，使政府能够更高效地处理海量数据。在政策层面，这一阶段政府更加注重数据的开放和共享。政府出台了一系列政策文件，鼓励数据的开放和利用，推动数据产业的快速发展。政府也加强了对数据的保护和管理，确保数据的安全性和隐私性。这些举措为数据驱动的政府治理提供了有力的支持和保障。

第三阶段：智能化和协同化的政府治理。数字政府正朝着智能化和协同化的方向发展。在这一阶段，人工智能、区块链等前沿技术开始被广泛应用于政府治理领域。人工智能技术可以帮助政府实现智能化服务，如智能问答、智能推荐等，而区块链技术则可以为政府提供去中心化、安全可信的数据存储和交换解决方案。政府也更加注重跨部门、跨地区、跨层级的协同治理，通过构建协同平台、实现信息共享和流程优化等方式，提高政府治理的整体效能。在政策层面，这一阶段政府更加注重数字政府的顶层设计和整体规划。政府出台了一系列政策文件，明确了数字政府发展的战略目标和实施路径，并加强了政策之间的协调性和一致性。同时，政府也加大了对数字政府建设的投入力度，推动数字政府向更高水平发展。这些举措为智能化和协同化的政府治理提供了有力的支持和保障。

二、数字政府的定位

党的十九届五中全会已明确指出要“加快数字化发展”。在数字中国的架构中，数字政府占据着举足轻重的地位，它对于推动数字经济、数字社会乃至数字生态的发展都具有深远影响。首要的是，数字政府为数字经济的成长注入了新的活力。相较于传统经济形态，数字经济的协调活动显得更为错综复杂，这从市场参与者的多样性、信用风险的广泛性等方面可以看出。数字政府不仅促进了数据要素的流通，还为市场主体的培育提供了“沃土”，从而有效促进了市场的自我协调。此外，数字政府正塑造着数字社会的新面貌。数字政府与数字社会两者相互交融、共同进步，数字政府为数字社会的建设提供了坚实的资源基础。数字政府还在催生数字生态的新格局方面发挥着关键作用。数字生态的成熟离不开完善的数字规则体系，这一体系的构建与完善正是数字政府建设中的一项重要任务。通过为数字生态提供坚实的制度保障，数字政府的效能得以显著提升。数字政府的定位如图 2-2 所示。

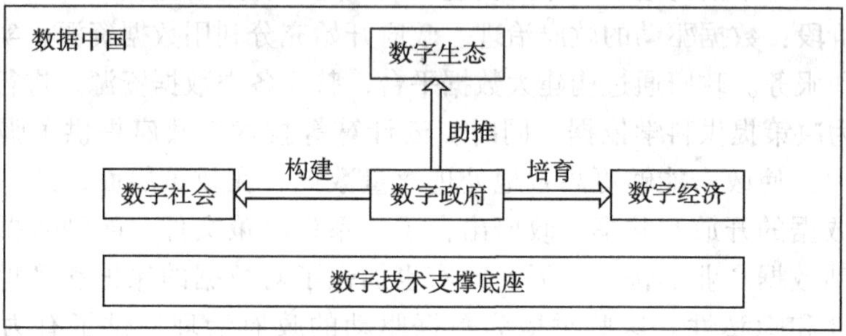

图 2-2　数字政府的定位

三、数字政府的特征

数字政府是信息化时代政府治理的新模式，其特征主要体现在以下几个方面：首先，数字政府以数据为基础，通过大数据、云计算等信息技术手段实现政府数据的整合、共享和利用，提高政府决策的科学性和精准性。其次，数字政府注重信息化基础设施的建设，包括宽带网络、数据中心等，为政府数字化转型提供稳定、高速、安全的网络支撑。再次，数字政府还具有动态化、平台化、协同化等特征，能够适应社会经济的快速发展和公众需求的不断变化，实现政府服务的高效化和便捷化。最后，数字政府还强调智能化治理，通过人工智能等技术提升政府治理能力和服务水平，更好地满足人民群众的需求。

综上所述，数字政府是信息化时代政府治理的重要方向，其特征包括数据化、信息化、动态化、平台化、协同化和智能化等，这些特征共同构成了数字政府的核心优势和治理能力现代化的重要标志。

四、数字政府的新属性

数字政府的新属性主要体现在以下几个方面：

一是平台型政府的构建。这一模式基于“政府即平台、公民即用户”的全新定性。在这种模式下，政府不再只是传统的服务提供者或监管者，而是转变为一个综合性的平台，为公民和企业提供各种服务和资源。这种平台型政府的构建，使政府能够随时随地提供各方所需的信息，公民也能够通过这个平台掌握解决问题的必要技能，从而强化了“公民赋权”，并激发社会创新。平台型政府的另一个重要特点是其注重多元交互和协同合作。政府、企业、社会组织和个人等多元主体在这个平台上进行交互和协作，共同解决问题和推动社会发展。这种多元交互的机制不仅提高了政府治理的效率和效果，还增强了社会的凝聚力和创新力。

二是数据驱动的决策和服务。数字政府充分利用数据资源，实现数据驱动的决策和服务。通过收集、整合和分析各种数据，政府能够更准确地了解社会需求和问题所在，从而制定出更加科学、有效的政策和措施。同时，数据驱动的服务也使政府能够更加精准地满足公民和企业的需求，提高服务的针对性和满意度。

三是智能化治理的应用。数字政府还注重智能化治理的应用。通过引入人工智能、区块链等前沿技术，政府能够实现更加智能化、自动化的管理和服务。例如，利用人工智能技术实现智能问答、智能推荐等功能，提高政府服务的便捷性和个性化程度；利用区块链技术确保政府数据的真实性和完整性，提高政府的公信力和透明度。

四是开放共享的理念。数字政府秉承开放共享的理念，积极推动数据的开放和共享。通过开放政府数据，鼓励社会各方参与数据的开发和利用，从而推动数据产业的快速发展和创新应用。同时，政府也加强与其他国家和地区的合作与交流，共同推动全球数字政府的发展与进步。

五是数字行政新结构的形成。在数字政府的推动下，传统的行政结构正在发生深刻变革，逐渐形成一种扁平化、分布式、节点性的新结构。这种新结构以网络平台为基础，通过算法设计、平台管理等方式实现资源的优化配置和高效利用。同时，这种新结构也打破了传统的层级限制和部门壁垒，使政府能够更加灵活地应对各种挑战和问题。

五、数字行政新关系的塑造

数字政府还通过平台的双边市场、数据信息和建模算法等，突破了物理时空阻隔和限制，实现了全要素、全场景的可视化、协同化。这种新突破不仅体现在政府与公民之间的互动上，还体现在政府与企业、社会组织等其他主体之间的互动上。通过新关系的塑造，数字政府为“公民用户”（终端用户）提供了更加便利的服务和良好的体验。

综上所述，数字政府的新属性主要体现在平台型政府的构建、数据驱动的决策和服务、智能化治理的应用、开放共享的理念以及数字行政新结构的形成方面。这些新属性不仅提升了政府的治理能力和服务水平，还推动了经济社会的持续发展和进步。同时也应看到，在数字政府的建设和发展过程中还面临着诸多挑战和问题，需要政府、企业和社会各方共同努力加以解决。

第三节　数字政府建设的理论前沿问题

一、数字政府建设的历史方位

数字政府建设的历史方位是在不断发展的信息技术背景下，政府为适应新时代的需求而进行的全面数字化转型。这一转型过程旨在提升政府在经济调节、市场监管、社会治理、公共服务和生态环境保护等领域的履职能力，实现政务服务的智能化、高效化和便捷化。数字政府建设的历史可以追溯到20世纪80年代，随着信息技术的发展和应用，政府开始将信息技术应用于政务管理和服务中。然而，真正的数字政府建设是在21世纪初随着云计算、大数据、人工智能等技术的迅猛发展而开始的。这些技术为政府提供了更加便捷、高效、智能化的政务管理和服务手段，推动了数字政府的快速发展。

（一）历史背景：数字技术与政府治理的融合

数字政府建设的历史背景可以追溯到数字技术与政府治理的初步融合阶段。随着计算机、互联网等技术的普及，政府开始尝试将数字技术应用于政务管理中，以提高工作效率、优化公共服务。这一阶段，数字政府建设主要体现在电子政务的推广和应用上，如政府网站的建立、政务信息的在线发布等。新一代数字技术为政府治理提供了更强大的数据支撑和智能化手段，推动了政府治理模式的深刻变革。数字政府建设开始从简单的电子政务应用向全面数字化、智能化转型。

（二）当前现状：数字政府建设的全面推进与挑战点

数字政府建设已在全球范围内全面推进。各国政府纷纷将数字政府建设作为提升治理能力和效率、增强国家竞争力的重要手段。在数字政府建设的推动下，政务服务更加便捷高效，政府决策更加科学精准，社会治理更加精细化。然而，数字政府建设也面临着诸多挑战。首先，技术更新换代速度快，政府需要不断跟进新技术发展，确保数字政府建设的先进性和可持续性。同时，技术应用与政府业务流程的融合也需要时间和实践经验的积累。其次，数字政府建设涉及大量政务数据的采集、存储、处理和共享，数据安全与隐私保护问题日益凸显。政府需要加强数据安全管理，确保政务数据的合法、合规使用。此外，“数字鸿沟”问题也是数字政府建设需要关注的重要方面。不同地区、不同群体在享受数字化服务方面存在差异，政府需要采取措施缩小“数字鸿沟”，确保民众都能享受到数字化红利。

（三）未来趋势：数字政府建设的深化与拓展

数字政府建设将继续深化与拓展，呈现出以下趋势：

（1）技术融合与创新应用将更加深入。随着5G、物联网、区块链等新技术的不断发展，数字政府建设将迎来更多的创新应用场景。政府将积极探索新技术与政务服务的深度融合，推动政务服务模式的创新和优化。例如，利用物联网技术实现城市管理的智能化、通过区块链技术提高政务数据的可信度和安全性等。

（2）数据治理将更加规范和完善。政府将加强对政务数据的采集、存储、处理和共享等环节的规范管理，确保数据的真实性、准确性和完整性。同时，政府也将加大对数据滥用、侵犯个人隐私等行为的打击力度，保障民众的合法权益。此外，政府还将积极推动数据开放共享，促进社会数据资源的有效利用和创新发展。

（3）跨部门协同与信息共享将更加顺畅。数字政府建设将推动政府部门之间的信息壁垒逐渐被打破，实现政务信息的互联互通和共享共用。通过构建统一的政务服务平台，政府将提供更加便捷、高效的“一站式”服务，满足民众多样化的需求。同时，政府还将加强与企业、社会组织等多元主体的合作与协同，形成共建、共治、共享的社会治理格局。

（4）数字政府建设将更加注重普惠性和可持续性。政府将采取措施缩小“数字鸿沟”，确保所有民众都能享受到数字化服务。特别是针对弱势群体和偏远地区，政府将加大投入和支持力度，推动数字化服务的普及和提质。同时，数字政府建设也将注重生态环境保护和社会责任担当，推进绿色、低碳、可持续的发展模式。例如，通过推广电子政务和无纸化办公等方式，减少纸张等资源的消耗和浪费；利用大数据等技术手段优化城市规划和交通管理等方式，降低能源消耗和排放等。

在历史方位上，数字政府建设是与国家发展战略和社会需求紧密相连的。新时代背景下，政府需要不断适应经济社会发展的新变化和新要求，推动数字政府建设与国家发展战略深度融合。例如，在推进经济高质量发展的过程中，政府可以利用数字化手段优化营商环境，提高市场监管效能；在加强社会治理的过程中，政府可以利用数字化手段提高社会管理的精细化和智能化水平。因此，数字政府建设的历史方位是不断演进和发展的。从初步融合到全面推进再到深化拓展，数字政府建设在推动政府治理现代化方面发挥着越来越重要的作用。然而，面对诸多挑战和问题，还需要采取积极有效的措施加以应对和解决。

二、数字政府的本质特征

历史方位既勾勒了中国数字政府建设的时代背景，也给学术界带来一个更深层次的研究议题，即数字政府的本质特征到底是什么？事实上，围绕数字政府的基本界定，学术界也涌现出了一大批富有卓见的研究成果，这些研究试图从某些层面剖析数字政府的一些核心问题，然而尚未从学理上触及数字政府的本质特征。于是，找寻数字政府建设的科学性，从错综复杂的层层包裹中挖掘出数字政府的本原，既是面对当今世界正经历“百年未有之大变局”、国家治理现代化正面临新的情势的需要，更是让数字政府在整个建设和发展进程中始终沿着正确方向迈进的现实需求。

数字政府的本质特征是由治理新需求决定的。随着信息技术的飞速发展和数字化转型的深入推进，数字政府已成为现代政府治理方式演变的重要趋势。数字政府，顾名思义，是指政府借助数字化、信息化的手段，实现政务管理、公共服务的现代化和高效化。那么，数字政府的本质特征又是什么呢？本书将从以下多个维度进行深入剖析：

（一）数据驱动：数字政府的核心引擎

数字政府的本质特征之一，便是数据驱动。在数字政府体系中，数据被视为一种重要的资产和资源，是政府决策、服务、治理和创新的基础。通过对数据的感知、收集、分析和应用，政府能够更准确地把握社会经济发展的脉搏，更精准地满足人民群众的需求，更有效地提升治理能力和服务水平。

数据驱动体现在数字政府的各个环节。在决策层面，政府利用大数据技术进行数据挖掘和预测分析，为政策制定提供科学依据，实现决策的科学化和精准化。在服务层面，政府通过数据共享和交换，打破部门壁垒，实现政务服务的“一网通办”“异地可办”，提升服务效率和便捷性。在治理层面，政府借助数据化手段对社会问题进行实时监测和动态管理，提高社会治理的精细化和智能化水平。

（二）技术融合：数字政府的创新动力

数字政府的另一个本质特征是技术融合。数字政府是信息技术与政府治理的深度融合，这种融合不仅体现在技术手段的应用上，更体现在政府治理理念、模式和流程的创新上。新一代信息技术如5G、大数据、人工智能、物联网、区块链等，在数字政府建设中发挥着举足轻重的作用。

技术融合为数字政府带来了前所未有的创新动力。以人工智能为例，通过引入智能语音、智能图像识别等技术，政府能够提供更智能化、个性化的政务服务，如智能咨询、智能导办等。同时，借助区块链技术的不可篡改性和去中心化特点，政府可以构建更加安全可信的数据共享和交换平台，保障数据的真实性和完整性。

（三）用户导向：数字政府的服务理念

用户导向是数字政府的又一重要本质特征。数字政府始终坚持“以人民为中心”的原则，将满足人民群众的需求作为出发点和落脚点。在数字政府建设中，用户体验和服务质量是衡量政府工作成效的重要标准。

为了实现用户导向的服务理念，数字政府需要不断优化政务服务流程、提升政务服务效能。具体来说，政府需要深入了解民众的需求和痛点，通过线上线下相结合的方式提供便捷、高效、优质的政务服务。同时，政府还需要建立有效的反馈机制和评价机制，及时收集民众的意见和建议，不断改进和优化政务服务。

（四）开放共享：数字政府的发展理念

开放共享是数字政府的另一个显著特征。在数字化时代，信息的流通和共享变得更加便捷和高效。数字政府充分利用这一优势，推动政府数据资源的开放共享和开发利用，实现数据价值的最大化。

开放共享不仅有助于提升政府治理的透明度和公信力，还能促进社会创新和经济发展。通过开放政府数据资源，企业和社会组织可以开发出更多的创新应用和服务，满足民众多样化的需求。同时，政府数据的开放共享还能促进数据产业的快速发展，推动数字经济的繁荣发展。

然而，开放共享也面临着数据安全、隐私保护等挑战。因此，在推动数据开放共享的过程中，政府需要建立完善的数据保护机制和安全监管体系，确保数据的合法合规使用。

（五）协同治理：数字政府的治理模式

协同治理是数字政府追求的高效治理模式。在数字化背景下，政府不再是单一的治理主体，而是需要与企业、社会组织、公众等多元主体共同参与社会治理。数字政府通过搭建协同治理平台、完善协同治理机制等方式，推动多元主体之间的信息共享、资源整合和协同行动，实现社会治理的共建、共治、共享。协同治理有助于提升社会治理的效能和水平。通过多元主体的共同参与和协作配合，政府能够更全面地了解社会问题和民众需求，更及时地作出响应和处理。同时，协同治理还能促进政府与企业、社会组织等之间的良性互动和合作共赢，推动社会的和谐稳定和发展进步。

中国数字政府的本质特征还要反映在最大限度满足人民新期待上。第一，提升数字政府建设的均等化水平。开放思维和国际视野，精准构建适用于本土情境的数字政府整体治理体系，实现全国“一盘棋”发展，这考验着学术界的智慧。第二，提升数字政府建设的便企利民水平。遵循“人民至上”理念的数字政府建设，以数字化转型为契机加快政府机构和职能优化，强化业务协同和数据共享，构建“亲”“清”新型政商关系，持续优化营商环境，让人民群众在这场波澜壮阔的改革浪潮中不断增强获得感、幸福感、安全感。

综上所述，数字政府的本质特征包括数据驱动、技术融合、用户导向、开放共享和协同治理。这些特征共同构成了数字政府的独特优势和核心价值，推动政府治理体系和治理能力现代化的进程。

三、数字政府建设的战略架构

数字政府建设的战略架构是一个全面而复杂的体系，它涵盖了战略目标、基本原则和任务框架等多个方面。

数字政府建设战略架构的战略目标是构建一个以数字化为基础，高效、透明、便民的新时代政府治理体系。这一体系将充分利用新一代数字技术，推动政府履职和政务服务的全面数字化转型，以适应新时代经济社会发展的需要，满足人民日益增长的美好生活需要。具体而言，数字政府建设的战略目标可以细化为以下几个方面：一是提升政府履职效能。通过数字化手段优化政府内部管理和决策流程，提高政府响应速度和服务效率。利用大数据分析和人工智能技术，提升政策制定的科学性和精准性，实现政府资源的优化配置。同时，通过政务数据共享和交换，打破部门间信息壁垒，促进跨部门协同合作，提升政府整体履职效能。二是构建便民服务体系。以人民为中心，打造线上线下融合、便捷高效的政务服务体系。推动政务服务事项“一网通办”“异地可办”“掌上可办”，让群众和企业办事更便利、更快捷。通过智能问答、自助服务终端等多元化服务方式，满足群众个性化、多样化的需求。三是增强政府透明度与公信力。通过数字化手段推动政务公开和信息公开，保障群众的知情权、参与权和监督权。利用政府网站、政务新媒体等平台，及时发布政府信息，回应社会关切，增强政府工作的透明度和公信力。四是促进经济社会高质量发展。数字政府建设不仅要服务于政府自身履职需要，还要成为推动经济社会高质量发展的重要力量。通过数字化手段优化营商环境，激发市场活力和社会创造力。利用大数据分析和人工智能技术，挖掘经济社会发展中的潜在问题和风险点，为政府决策提供科学依据。同时，推动数字技术与传统产业深度融合，促进产业结构优化升级和经济发展方式转变。

基本原则是数字政府建设的根本遵循，它确保了数字政府建设的科学性、合理性和有效性。这些原则主要包括以下几个方面：一是坚持党的全面领导。数字政府建设必须在党的领导下进行，确保党的决策和部署在数字政府建设中得到全面贯彻和执行。这不仅是政治原则，也是数字政府建设方向正确的根本保证。二是以人民为中心。数字政府建设的最终目的是服务人民，提高人民群众的获得感、幸福感和安全感。因此，在数字政府建设过程中，必须始终关注人民群众的需求，优化政务服务流程，提高政府服务效率和质量。三是注重整体协同。数字政府建设涉及多个部门、多个层级和多个系统，必须注重整体协同，实现信息共享、业务协同和流程优化。通过构建统一的标准体系、数据共享交换平台和业务应用系统，打破“信息孤岛”和数据壁垒，提高政府整体治理能力。四是强化创新驱动。数字政府建设要充分利用新技术、新理念，推动政府治理模式的创新。通过探索运用大数据、云计算、人工智能等前沿技术，提高政府决策的科学性和精准性，为社会公众提供更加便捷、高效的服务。五是确保数据信息安全可控。数字政府建设必须始终把保障信息安全放在首位，构建全方位、多层次的安全防护体系。通过加强网络基础设施建设、提升数据安全防护能力、完善信息安全管理制度等措施，确保数字政府系统的安全稳定运行，保障国家信息安全和人民群众的合法权益。

任务框架是数字政府建设的核心内容。可从以下五个方面进行分析：一是构建协同高效的政府数字化履职能力体系，包括推进政府履职的数字化转型，加强各行业、各领域政务应用系统的集约建设、互联互通和协同联动。通过整合和优化政务流程，实现政府履职的线上线下一体化融合，提高政府响应速度和服务效能。同时，借助新技术手段，创新行政管理和服务方式，以满足公众对便捷、高效政务服务的需求。二是建立全方位的安全保障体系，安全保障是数字政府建设的基石。任务框架中要明确提出建立全面覆盖、高效灵敏的安全防护和应急响应机制。这包括加强关键信息基础设施的安全防护，确保政务数据和系统免受攻击和破坏。同时，强化安全管理制度的落实，提升全体人员的安全意识和技能水平。三是制定科学规范的制度规则体系，制度规则体系是保障数字政府建设和运行有序进行的关键。任务框架要强调建立健全与数字政府建设相适应的制度规则体系，包括数据共享、交换、利用的标准规范，以及政务服务平台运行管理、安全保障等方面的规章制度。四是打造开放共享的数据资源体系，数据是数字政府建设的核心资源。任务框架中要提出加快推进政务数据资源的整合共享和开发利用，打破部门间数据壁垒，实现数据资源的互通互联和有效利用。通过构建统一的数据共享交换平台，推动政务数据与社会数据的融合创新，释放数据资源的潜在价值，为政府决策提供有力支撑。五是建设智能集约的平台支撑体系，平台支撑是数字政府建设的重要基础。任务框架要求充分利用现有政务信息平台和资源，进行整合优化和升级改造，构建结构合理、功能完善、智能集约的平台支撑体系。通过加强云计算、大数据、人工智能等新一代信息技术的应用，提升平台支撑体系的智能化水平和运行效率，为数字政府各项应用提供稳定可靠的支撑。

综上所述，数字政府建设的战略架构是一个全面而复杂的系统工程，它涉及多个方面和多个层次的任务和要求。在未来的实践中，需要各级政府和相关部门加强协同配合和创新实践工作力度与广度，深度拓展延伸工作思路，总结提炼经验教训，建设完善评估考核评价体系，全方位、多角度推进数字政府建设工作取得实效性进展，使成果惠及广大人民群众。

四、数字政府建设的现实价值

随着数字技术的迅猛发展，数字政府建设已成为提升政府治理能力、推动经济社会发展的重要手段。数字政府不仅意味着政府治理方式的转型升级，更代表着治理理念、治理体系和治理能力的全面革新。以下将从理论意义、实践意义和方法论意义三个层面，深入探讨数字政府建设的现实价值。

首先是理论意义。数字政府建设推动了政府治理理论的创新发展。传统的政府治理理论主要基于物理空间的管理和服务模式，而数字政府则打破了这一局限，将政府治理拓展到数字空间，实现了线上线下一体化融合。这一转变不仅提升了政府治理的效率和便捷性，更在理论上突破了传统治理模式的束缚，为政府治理提供了新的视角和路径。一是推动政府治理理论创新。数字政府建设推动了政府治理理论的创新发展。传统的政府治理理论强调政府的权威性和控制力。然而，这种传统的治理模式已经难以适应时代的需求。数字政府建设通过引入信息技术和数字化手段，打破了传统治理模式的束缚，推动了政府治理理论的创新和发展。它强调政府的开放性、透明性和互动性，注重公众参与和多元共治，为政府治理提供了新的理念和方法。二是丰富政府治理的内涵和外延。数字政府建设不仅改变了政府治理的方式和手段，还丰富了政府治理的内涵和外延。在数字政府的框架下，政府治理不再局限于传统的行政管理和公共服务领域，而是拓展到了经济调节、市场监管、社会管理、环境保护等多个领域。同时，数字政府建设还强调政府的跨部门协同、数据共享和流程优化，推动政府治理向整体化、系统化和智能化的方向发展。这种内涵和外延的丰富，不仅提升了政府治理的效能和水平，还为政府治理体系的现代化奠定了坚实的基础。三是强化政府治理的科学性和精准性。数字政府建设通过大数据、云计算、人工智能等技术的应用，提高了政府治理的科学性和精准性。传统的政府治理往往依赖于经验和直觉，缺乏科学的数据支撑和精准的分析判断，而数字政府建设则能够通过数据挖掘和分析，为政府治理提供科学化的决策支持和精准化的服务响应。这不仅提高了政府决策的准确性和有效性，还为政府治理的精细化和个性化提供了可能。四是促进政府治理的民主化和法治化。数字政府建设通过信息公开、在线互动、电子参与等方式，增强了政府治理的民主化和法治化水平。它打破了传统政府治理的信息壁垒和沟通障碍，为公众提供了更加便捷、高效的参与渠道和表达方式。同时，数字政府建设还推动了政府行为的法治化和规范化，确保政府权力在法治轨道上运行。这种民主化和法治化的促进，不仅提升了政府治理的公信力和合法性，还为构建和谐社会提供了坚实的基础。

其次是实践意义。数字政府建设不仅是理论上的创新，更在实践中展现出巨大的价值和意义。一是提升公共服务效率与质量。数字政府建设的首要实践意义在于显著提升了公共服务的效率和质量。通过数字化、网络化的手段，政府能够更加便捷、高效地提供各项服务，如在线办理证件、查询政策信息等。这不仅节省了公众的时间和精力，而且降低了政府的运营成本。同时，数字政府还推动了公共服务的创新，如智能问答机器人、个性化服务推荐等，进一步提升了公众对政府服务的满意度。二是增强政府决策的科学性与透明度。数字政府建设使政府决策更加科学和透明。借助大数据、人工智能等技术手段，政府能够全面、准确地收集和分析各种信息，为决策提供有力的数据支撑。这不仅提高了决策的精准性和有效性，也增强了政府对社会经济动态的敏锐洞察力。此外，数字政府还通过政务信息公开、在线互动等方式，增强了政府决策的透明度，让公众更加了解和支持政府的决策。三是促进社会治理的精细化与协同化。数字政府建设推动了社会治理的精细化和协同化。通过数字化手段，政府能够实现对社会问题的精准识别和快速响应，提高了社会治理的针对性和实效性。同时，数字政府还打破了部门之间的信息壁垒，推动了政府内部的协同合作，以及政府与社会力量的联动共治。这种协同化的社会治理模式有助于形成全社会共同参与、共同治理的良好局面。四是保障国家安全与社会稳定。数字政府建设在保障国家安全和社会稳定方面也发挥着重要作用。一方面，通过加强网络安全防护和数据安全管理，数字政府确保了政务信息系统的安全稳定运行，有效防范了网络攻击和数据泄露等风险。另一方面，数字政府还提升了政府在应对突发事件和危机管理方面的能力，如疫情防控、自然灾害救援等，为维护社会稳定和保障人民生命财产安全提供了有力支持。这些实践意义不仅彰显了数字政府建设的巨大价值，也为推动政府治理体系和治理能力现代化提供了有力支撑。

最后是方法论意义。数字政府建设不仅具有深远的实践意义，还在方法论层面为政府治理的现代化转型提供了重要指导。一是整体性与系统性的思维方法。数字政府建设强调整体性和系统性的思维方法。在传统的政府管理模式中，各部门往往各自为政，“信息孤岛”现象严重。而数字政府建设则要求政府从全局和整体的角度出发，打破部门壁垒，实现信息资源的共享和部门协同。这种思维方法有助于政府作出更加全面、准确的决策，提高治理效能。同时，数字政府建设还注重系统性思维，即将政府治理看作一个复杂的系统工程，通过优化系统结构、提升系统功能来实现治理目标。这种思维方法有助于政府更好地应对复杂多变的社会环境，提升治理的灵活性和适应性。二是数据驱动与科学决策的方法论。数字政府建设凸显了数据驱动和科学决策的方法论意义。在数字时代，数据已经成为政府决策的重要依据。数字政府建设通过采集、整合和分析大量数据，为政府决策提供了科学、准确的数据支撑。这种方法论强调基于数据进行决策，提高了决策的精确性和有效性，降低了决策风险。此外，数字政府建设还推动了政府决策过程的科学化和民主化。通过数据公开化和透明化，政府能够更广泛地吸纳民意、集中民智，形成更加科学、民主的决策机制。三是创新驱动与持续优化的方法论。数字政府建设体现了创新驱动和持续优化的方法论意义。在数字化转型的过程中，政府需要不断探索新技术、新应用，以创新推动治理能力的提升。数字政府建设鼓励政府敢于尝试、勇于创新，通过实践不断总结经验，持续优化治理模式和服务方式。同时，数字政府建设还强调持续优化的理念。在数字化转型的道路上，政府需要不断适应社会环境和公众需求的变化，对治理模式和服务方式进行持续改进及优化，不断提升治理效能和公众满意度。四是安全可控与风险防范的方法论。数字政府建设还凸显了安全可控与风险防范的方法论意义。在数字化转型的过程中，政府面临着诸多安全挑战和风险隐患。数字政府建设要求政府始终将安全放在首位，通过建立健全安全防护体系和风险防范机制来确保政务信息系统的安全稳定运行。综上所述，数字政府建设的方法论意义在于推动政府形成整体性与系统性的思维方法、数据驱动与科学决策的方法论、创新驱动与持续优化的方法论、安全可控与风险防范的方法论。

第四节　数字政府主要理论视角

一、整体性政府理论

数字政府的整体性政府理论是一个涵盖技术创新、协同合作、以人民为中心和创新精神等多个方面的综合性理论，它融合了数字技术与政府治理的先进理念，旨在通过信息技术的应用来优化政府的管理和服务，从而实现政府治理的高效化、整体化和现代化。该理论强调数据汇合、业务整合和组织融合，旨在打破政府内部的碎片化、割裂化和交叉化困境，从而实现公共服务的“一站式”、无缝隙供给。同时，这一理论是全球化、市场化、信息化背景下的产物，对于提升国家治理能力、推进治理体系现代化具有重要意义。为实现整体性政府的目标，可以遵循十步战略过程来逐步推进政府的整合工作。这个过程如表 2-1 所示。

表 2-1　整合政府十步战略过程

循环的政府整合十步战略过程
确立目标：明确整体性政府建设的具体目标，包括提高行政效率、增强政策协调性、优化公共服务等
梳理现状：对政府当前的组织结构、业务流程、信息系统等进行全面梳理，识别存在的问题和改进点
制定策略：根据目标现状和梳理结果，制定相应的整合策略，包括组织结构调整、业务流程优化、数据共享机制建设等
建立组织：成立专门的领导小组和工作团队，负责整合工作的具体执行和监督
技术准备：搭建支持整体性政府建设的信息技术平台，包括云计算、大数据、人工智能等技术的应用
数据整合：实现政府内部各部门之间的数据共享和交换，打破“信息孤岛”，建立统一的数据中心
业务协同：优化业务流程，加强部门之间的协同合作，形成高效的工作机制
服务整合：将分散的公共服务进行整合，提供“一站式”、多渠道的服务方式，方便群众办事
评估反馈：定期对整体性政府建设的效果进行评估，收集用户反馈，及时调整改进方案
持续改进：根据评估结果和实际情况，不断完善整体性政府的建设工作，推动政府治理体系的持续优化

希克斯在《走向整体治理：新的改革议程》一书中揭示了“碎片化”治理的弊端，确立了整体政府框架，包括治理目标、整合的深度和机制等（见表 2-2）。大多数机制可以用于支持多种目标，因此，许多机制出现在表中的几个不同位置。整体主义的理念要求政府部门间进行联合，跨越部门边界形成联合体或者联盟，“大部制”成为改革政府组织形态的主要方式。

整体性政府理论是一个强调政府内部各部门之间协同合作、资源整合以及信息技术应用的理论体系。该理论旨在打破传统政府模式中存在的部门分割、“信息孤岛”和碎片化服务等弊端，通过整体性的治理理念和数字化的技术手段，推动政府提供高效、便捷、透明的服务。

表 2-2 整体政府框架要素

治理目标	整合深度	机制
政策目标	集中度 范围 宽度 披露	政府间论坛政策数据采集和管理的集成； 政府间的或部门的审计绩效监控； 政策合作单位/跨学科研究
客户目标		联合咨询、联合宪章； 用户联合反馈系统； 一站式商店/定位共享、案例研讨会、案例管理、集中式客户信息、灵活分散的资金、联合测量成果； 联合评估每个伙伴对单一成果的贡献
组织目标		组织间信息系统交叉、联合培训、开放式规划； 创建新的协作实体、集成预算； 综合信息系统、绩效监控、人事管理
机构目标		位置共享、组织间信息系统联合规划、联合人员配备、联合训练、联合任务、联合基金； 场外工作人员； 联合检查、联合监测、机构间协议

整体性政府主要包括四个方面的内容：排除相互破坏与腐蚀的政策情境、更好地使用稀缺资源、促使某一政策领域中不同利益主体团结协作、为公民提供无缝隙而非分离的服务。整体性政府的概念起源于西方国家，是在对新公共管理运动进行批判和继承的基础上，结合当代政府管理面临的新问题，所提出的一种新的政府改革理论。它强调政府内部的整合与协同，以打破部门主义、视野狭隘和各自为政的弊端，解决那些需要跨部门协同解决的复杂问题，如环境保护问题等。在整体性政府的理论指导下，政府需要转变管理理念，从管理转向服务，以公民的需求为导向，提供公平且整体的公共服务。同时，整体性政府也强调信息技术的运用，通过信息技术手段提高政府服务的效率和能力，实现线上线下服务的整体融合。从实践层面来看，整体性政府在西方国家已经得到了广泛的实践和应用。例如，英国在布莱尔政府时期就首次提出了“整体性政府”的施政理念，并在此基础上制定了一系列具体的实施方案。澳大利亚、新西兰等国家也先后进行了整体性政府的改革实践，取得了显著的成效。总体来说，整体性政府理论为当代政府改革提供了新的视野和思路，对于我国政府改革来说，也具有积极的理论意义和现实意义。可以借鉴整体性政府的理念和方法，推动我国政府管理的创新和发展，更好地服务于人民群众和经济社会发展。

在整体性政府范围内，可以将政府的形态划分为传统政府、电子政府、互联政府（第二代电子政务）和数字政府。随着时间的推移，公共部门提供服务的方法已经从政府通过传统模式提供服务发展到强调电子政务和电子服务（e-service）本身，再到服务的多渠道供给，以及强调服务对公民的价值。世界上许多国家正在重新审视如何提高公共服务的价值。关注公众价值使人们认识到，通过后台的整合和业务流程的再造，可以实现前端的统一交付，重点从提供服务转变为使用技术增加服务的价值。具体如图 2-3 所示。

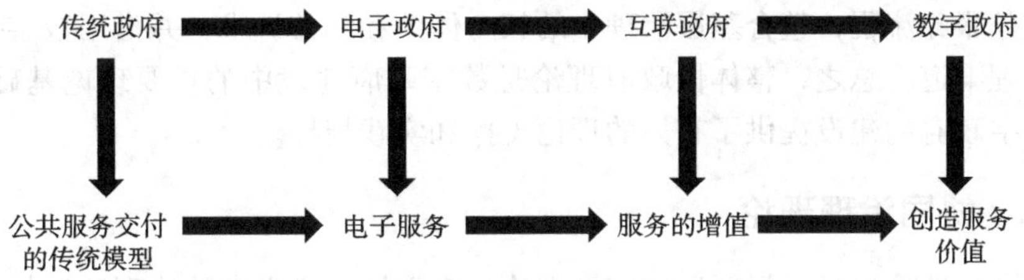

图 2-3 公共服务交付方式的演变

国内学者在研究整体性政府时认为，整体性治理成为国家治理变革的新趋势，部门间的“协调”和“整合”是打造整体性政府的关键机制，为满足民众需求，政府利用信息技术手段成为整体性的政府治理范式。整体性治理强调以公众需求为导向，通过信息技术手段，对治理层级、功能、公私部门关系及信息系统等碎片化问题进行有机协调与整合。这一理论的核心在于提供一个无缝隙且非分离的整体性服务，以满足公民在公共服务上的需求。整体性治理具有以下几个关键特征：首先，它以治理目标和结果的整体性为导向，追求社会效果的最大化。其次，它注重治理主体和内容的整体性，涉及政府部门、社会组织、私人部门以及公民个人等多元主体，涵盖政治、经济、社会等各个领域的公共事务。再次，它强调治理手段和方式的整体性，包括法律、行政、经济、教育等多种手段的综合运用。最后，它关注治理过程和结果的评估与反馈的整体性，通过建立绩效评估体系和问责机制，确保治理目标的实现和公共利益的维护。在数字政府建设中，整体性治理要求政府充分利用信息技术，打破部门壁垒，实现信息共享和流程优化，提高政府服务的整体效能和质量。同时，这一理论也强调政府与社会、企业等多元主体的协同合作，共同推动公共事务的治理和公共问题的解决。

电子政务初期，政府部门建立普通的网站，政府网站被动地提供信息，而且只有有限的更新能力。随着电子商务和通信技术的发展，“互联网+政务服务”使政府一体化业务全流程在线办理成为可能，开始整合碎片化的政务服务，通过一个端口连接所有部门和组织的信息系统以便提供一体化的服务，具体体现为政府管理与服务体制的变革，以及服务模式的政策创新。由“碎片化”的政府向

"整体性"政府转变，由"物理空间"的政府形态向物理空间和虚拟空间并行的"数字空间"政府形态转变，从而需要与政务服务需求相适应的职能调整和机构重组方案，建立一个现代化的治理体系。

很多学者采用整体性理论研究探讨了我国政务服务创新的实践。例如，对广州市海珠区新型社会治理和政府公共服务模式进行实证研究，建议以公民需求为导向重塑公共行政价值，以协作信任机制建设整合型治理框架，以数据共享应用再造政务服务流程；整合基层治理中的权力体系和利益诉求，并借用数字化手段疏通治理渠道。总之，整体性政府理论是数字政府建设中的重要理论基础之一，它为数字政府的建设提供了有力的理论支撑和实践指导。

二、协同治理理论

协同治理理论是一门新兴的交叉理论，它将社会科学中的治理理论与自然科学中的协同论进行有机结合，提出在公共管理领域中，政府、市场和社会等多元主体应通过协作、共享成果和协调一致的方式，共同处理集体事务，增进公共利益。这一理论的核心思想是系统内的各个子系统或各个主体相互协调、共同作用，以实现整个系统的最优化目标。

协同治理理论的特点包括治理主体的多元化、治理过程的协同性、治理结果的共享性以及治理方式的动态性。在协同治理的过程中，各主体之间地位平等，享有平等参与协商、谈判、决策的权利，并通过信息交流、道德劝说、法律规范等途径达成协同，以实现治理效率的提升和公共问题的解决。协同治理理论还强调了制定共同规则的重要性，以确保治理过程中的运作规范和提升治理效率。这些共同规则是在各主体充分协商的基础上制定的，能够反映各方利益和诉求，为协同治理提供有力的制度保障。此外，协同治理理论在实践中具有很高的应用价值。它不仅可以应用于政府部门的公共管理领域，还可以拓展到企业、社会组织等各个领域。通过协同治理的方式，可以实现资源的有效整合和优化配置，提升整体治理效能，推动社会和谐发展。

协同治理理论在数字政府建设中的应用主要体现在以下几个方面：首先，数字政府借助信息技术手段，打破传统政府模式下的信息壁垒和部门分割，实现跨部门的协同合作与信息共享。这有助于减少重复劳动和资源浪费，提高政府服务的整体效能。其次，数字政府通过构建线上线下相结合的协同治理平台，吸引企业、社会组织和公民等多元主体参与治理过程。这不仅可以拓宽治理资源的来源渠道，还可以增强治理方案的针对性和实效性。最后，数字政府利用大数据、人工智能等先进技术对治理过程进行实时监控和评估，及时发现问题并调整治理策略。这有助于提高政府治理的透明度和公信力，增强公众对政府的信任和支持。

总之，协同治理理论在数字政府建设中发挥着重要的指导作用。它推动政府转变治理理念和方式，加强与企业、社会组织和公民的协同合作，共同构建高效、便捷、透明的数字化治理体系。这不仅可以提升政府的治理能力和水平，还可以为经济社会发展和改善民生提供更加坚实的支撑及保障。

三、服务型政府理论

服务型政府理论是指政府在公民本位、社会本位理念的指导下，在整个社会民主秩序的框架下，通过法定程序，按照公民意志建立，以为人民服务为宗旨并承担服务责任。这个理论强调政府存在的合法性条件是人民将部分权力委托给政府，政府必须依法行政，并且其行为必须在法定范围内，以保障公民的合法权益。

服务型政府的核心属性包括以下几个方面：首先，它以社会发展和公民的共同利益为出发点，即完全从人民需要出发，以为人民服务为宗旨。其次，政府向市场、企业、社会分权，中央向地方各级政府分权，以实现权力的合理配置和国家的高效运行。再次，政府是承担责任的政府，必须回应社会和民众的基本要求并积极采取行动加以满足。最后，服务型政府是一个不断自我完善和创新的政府，以适应社会发展和公民需求的变化。此外，服务型政府还强调公民的参与和监督。公民有权参与政府的决策过程，表达自己的意愿和需求，并监督政府的行为是否合法、公正、高效。总体来说，服务型政府理论是一种强调政府服务职能、注重公民参与和监督、追求社会公平和正义的政府理论。

四、人民满意的服务型政府

人民满意的服务型政府是一个以人民为中心、致力于提供优质公共服务的政府。这种政府的核心目标是满足人民的需求和期望，通过提供高效、便捷、公平的服务，增强人民的获得感、幸福感和安全感。人民满意的服务型政府，作为现代政府治理的重要理念和实践目标，已经成为各国政府努力追求的方向。这样的政府不仅强调服务的职能，更重视服务的质量与民众的满意度。

（一）人民满意的服务型政府之理念

人民满意的服务型政府，是一种理念的转变。它要求政府从传统的管制型、权力型政府向服务型、责任型政府转变。这种转变意味着政府不再是高高在上的统治者，而是俯身倾听民众需求的服务者。政府的权力来源于人民，其存在的根本目的也是为人民服务。因此，政府的所有工作都应以人民的需求为出发点，以人民的满意度为落脚点。这种理念还强调政府的公共性和公平性。政府的服务应面向全体人民，不偏不倚，无差别地对待每一位公民。同时，政府的服务也应是可及的、可负担的，确保每一位公民都能享受到基本公共服务。

（二）人民满意的服务型政府之实践

在实践层面，人民满意的服务型政府要求政府不断创新服务模式，提高服务效率和质量。这包括优化服务流程、简化办事程序、缩短办理时限等，让民众在办理各类事务时能够感受到便捷和高效。同时，政府还应加强与社会各界的合作，形成政府主导、社会协同、公众参与的服务体系。通过引入市场机制、激发社会活力，让更多的社会资源和力量参与到公共服务中来，丰富服务供给，提高服务质量。此外，政府还应注重服务的针对性和实效性。不同群体有不同的服务需求，政府应深入了解民众的需求差异，提供个性化、精准化的服务。同时，政府还应建立有效的反馈机制，了解民众对服务的评价和意见，以便及时调整服务策略，提高服务的针对性和实效性。

（三）人民满意的服务型政府之挑战与对策

尽管人民满意的服务型政府理念深入人心，但在实践中仍然面临着诸多挑战，如政府与社会各界合作机制不完善、协同效果不佳、服务资源配置不均衡、服务质量参差不齐等。针对这些挑战，政府应采取积极的对策。首先，加强对政府官员的培训和教育，提高他们的服务意识和能力。通过定期的培训、考核和激励机制，确保政府官员能够真正树立起为人民服务的理念，并具备提供优质服务的能力。其次，完善政府与社会各界的合作机制。通过制定明确的合作政策、建立有效的沟通渠道和协调机制，促进政府与企业、社会组织等各方力量的紧密合作。最后，优化服务资源配置，提高服务质量。政府应根据不同地区、不同群体的服务需求差异，合理分配服务资源。通过加大投入、引入市场机制等方式，提高服务资源的利用效率和服务质量。总之，成为人民满意的服务型政府是现代政府的重要目标。政府应始终坚持以人民为中心的发展思想，不断创新服务模式、提高服务效率和质量，努力为民众提供更加优质、高效的公共服务。

第五节　数字政府的理论模型分析

数字政府的四大组成要素包括数据、制度、组织和技术。这四个要素相互关联、相互影响，共同构成了数字政府的基本框架。本节在这四个要素的基础之上对其内在结构进行分析，即探讨各要素之间的关系。

一、数据、制度、组织、技术：数字政府的要素分析

（一）数据要素是核心资源

数据是通过观察、实验所获得的结果，通常被用于科学研究、技术设计、查证、决策等领域，是人类认识、分析和描述世界的基本工具之一。在计算机科学中，数据被定义为对事实或事物观察结果的记录，充当着信息的表达媒介和载体。数据不仅为生活提供了客观描述，更成为衡量和记录的科学尺度。从古老的“结绳计数”到户籍制度的建立，再到如今的人口普查，数据已经演变为推动生产和生活进步的关键因素。

随着物联网、新一代数字技术的迅猛发展，以及社交软件、视频监控等应用的广泛渗透，生活中的网络社交活动、在线购物行为、移动通信使用、影音娱乐选择等，都被以数据的形式详尽记录。这些海量的数据记录中蕴含着丰富的有价值信息。例如，电商平台能够依据用户的购物历史和商品浏览时长，智能地为用户推荐他们可能感兴趣的商品；众多新闻应用会根据用户浏览新闻的类型、频次、时长等关键指标，精准分析并推送用户可能感兴趣的新闻内容，从而提升浏览量；超市商品的摆放位置也会根据季节变换、节假日特点、天气状况等多重因素进行灵活调整。上述经典案例中都将用户的个人喜好、行为习惯用数据进行了记录与表达。“万物皆可产生数据”，随着数据“井喷式”的增长，“质”和“量”成为了数据的进一步延伸与拓展。学术界对于大数据的定义繁多，从数据的本质来看，大数据具有巨量性、及时性、多样性、不确定性、价值性等特点。从资源角度来说，数据将会是大数据时代的战略性资源，不像石油等矿产资源，而更像是可以孕育生命的土壤，可持续利用。通过对这些大容量数据的交换、整合和分析，人类可以发现新的知识，创造新的价值。

数据思维在政府治理中的运用已然升华为了一种战略习惯，甚至塑造了新的世界观和方法论。随着数字经济的蓬勃发展，数据红利日益凸显，其在人类生产生活中的占比不断扩大，为政府数字化转型孕育了新环境。对于数字政府而言，数据不仅提供了丰富的信息资源，更指引了治理方向。政府公职人员数据思维的培养与运用，深刻影响着公共服务的提供方式与数字政府的工作模式。在数字政府建设进程中，全省各级各部门共享政务服务网，采用统一行政审批系统，旨在实现政务服务数据的跨层级、跨部门、跨区域共享与使用，从而打破部门间的数据壁垒。同时，省级政务服务中心充分利用网上大厅与实体大厅产生的业务数据，结合大数据与云计算技术，深入分析政务服务过程中产生的数据，总结工作成效与不足，为数字政府后续建设指明方向。数据作为一种信息资源，正驱动着数据治理的发展。其严谨、科学、客观、全面的特点，为政府治理提供了有力支

撑，降低了人治风险，成为对传统经验治理的重要补充与修正。尽管数据已由技术性概念渗透到社会各个领域，但其在大数据时代的核心和基础地位毋庸置疑。通过对数据的深入挖掘与处理，提取有价值的信息，为生产生活、社会治理、公共服务等提供指导，从而为数字政府的建设奠定坚实基础。

（二）制度要素是运行的规则和框架

制度为数字政府的建设、运行和管理提供了根本性的保障及规范。这些制度包括法律法规、政策指导文件、数据管理规范以及技术标准等，它们共同确保了数字政府在合法、合规和高效的轨道上运行。首先，法律法规为数字政府提供了基本的法律保障，明确了政府、企业和公民在数字化进程中的权利和义务。这有助于保护数据的安全，防止数据被滥用和非法获取。其次，政策指导文件为数字政府的发展提供了战略方向和实施路径。这些政策文件通常由政府制定，旨在推动数字技术与政府治理的深度融合，提升政府服务效率和公众满意度。再次，数据管理规范是数据处理和使用的重要准则。这些规范确保了数据的准确性、一致性和可用性，同时也有助于实现数据在不同部门和机构间的共享与交换。最后，技术标准为数字政府的技术实施提供了统一的规范和标准。这有助于确保技术的兼容性，降低技术实施的风险和成本。

但是，制度的有效运行需要以强有力的执行力作为前提。制度若不被人们所遵守，就会成为一纸空文。因此，制度的运行不仅依靠道德素养、社会舆论的支持，还需要法庭、军队等为制度的运行提供保障。制度是人类社会的衍生物，更是伴随着政治组织的产生而出现的，作为社会运行的协调保障机制发挥着重要的作用。同理，制度是数字政府建设、运行的协调保障机制。在这个数据与技术紧密融合的时代，众多国家已将数字政府建设提升为国家战略。例如，信息化高度发达的丹麦和美国，凭借网络技术的迅猛发展与互联网的广泛普及，早在 21 世纪初期就开始了政府数字化转型的探索之旅。这一战略不仅是政府数字化转型的基石，更体现了领导者对数字政府建设重要性与必要性的深刻认识，从而成为推动数字政府转型建设的关键保障机制。

当前，我国数字政府建设的法律基础主要依托于国家层面以及各地区所发布的数字政府发展规划和数据管理相关政策法规。这一系列行政法规共同构成了推进我国政府数字化转型的制度框架。2015 年 7 月 4 日发布的《国务院关于积极推进“互联网+”行动的指导意见》指出，“互联网+”是把互联网的创新成果与经济社会各领域深度融合，推动技术进步、效率提升和组织变革，提升实体经济创新力和生产力，形成更广泛的以互联网为基础设施和创新要素的经济社会发展新形态。在全球新一轮科技革命和产业变革中，互联网与各领域的融合发展具有广阔前景和无限潜力，已成为不可阻挡的时代潮流，正对各国经济社会发展产生着战略性和全局性的影响。积极发挥我国互联网已经形成的比较优势，把握机遇，增强信心，加快推进“互联网+”发展，有利于重塑创新体系、激发创新活力、培育新兴业态和创新公共服务模式，对打造大众创业、万众创新和增加公共产品、公共服务“双引擎”，主动适应和引领经济发展新常态，形成经济发展新动能，实现中国经济提质增效升级具有重要意义。2015 年 9 月，《国务院关于印发促进大数据发展行动纲要的通知》发布，充分肯定了大数据对于经济发展与政府治理转型的重要意义，提出推动政府数据开放共享，探索建立国家宏观调控决策支持、风险预警和执行监督大数据应用体系。2021 年的“十四五”规划中提出加快数字化发展，建设数字中国。《“十四五”国家信息化规划》对“数字中国”建设目标进行了细化。在地方层面，以北京、浙江、上海、广东、湖北等为代表的地区出台了具有一定区域特色的数字政府建设“指导意见”或“行动规划”，对数字政府建设的方案、目标、任务、措施等进行了详细的规划，形成了很多具有借鉴意义的经典模式。面对“数据的安全”“权威性”“开放共享”等问题，众多省份出台了关于“数据管理”的详细规定。从制度体系层面为数字政府的建设营造了一个稳定、高效的环境。

（三）组织要素是实体和行动者

组织，从其名词的词性来讲，指的是按照一定的目的和系统建立起来的团体。数字政府中的组织要素主要是政府组织。政府组织是国家进行统治和社会管理的机关，是国家表示意志、发布命令和处理事务的机关，实际上是国家代理组织和官吏的总称。“政府”这一称谓的起源可以追溯到唐朝的“政事堂”与宋朝的“二府”，将这两者合并，便形成了“政府”的称谓。在古籍《资治通鉴》中，出现“胡客皆诣政府诉之”的表述，此处的“政府”指的是县府，也就是地方政府。从广义来看，政府是国家立法、行政、司法等所有公共机关的总和；狭义上的政府是指国家行政机关，是执行立法机关制定和通过的法律、法案，并且管理全国行政事务与社会公共事务及各种行政职能部门机关事务的组织机关。政府实质上是代表并行使国家权力的组织机构，它肩负着国家治理的重大职责，是国家政治、经济、文化、服务及社会各领域管理的核心行为者，其终极目标是实现公共利益的最大化。政府的特性主要通过其“行为目标”“行为领域”“行为方式”以及“组织体系”来展现。在行为目标方面，政府或以公共利益为服务导向，或以统治阶级的利益为追求；其行为领域主要限定在公共范畴内；在行为方式上，政府以合法权力为基石，展现出权威性和强制性；在组织体系上，政府机构则是由一系列系统的职能机构所组成。随着历史的演进和生产力的持续进步，政府这一组织从原始社会的雏形，经农业社会的统治形态，到工业社会的管理形态，发展至信息社会的数字形态，其组织规模和运行机制均在不断进行相应的调整与变革。

无论何时，政府的实质都是承载国家权力的组织机构。在探讨数字政府时，不应仅聚焦于数字层面，而忽视政府组织的核心作用。政府组织对数据与技术的融合性质具有决定性影响。当数据和技术被应用于企业生产时，则产生了“数字产业”或“数字经济”，主要目的是追求经济效益，这与旨在提升行政效率、优化公共服务的数字政府建设存在显著差异。在组织机构设置方面，主管部门的职能可概括为“线上与线下、本级与全省”的结合。这意味着，除了负责省级政务服务工作（包括实体大厅建设、催促省级部门入驻、对入驻单位进行考核，以及建设线上省级政务平台等）外，还需承担对全省实体大厅建设及相关工作进行指导的责任，并在线上负责全省各级政务服务平台的建设与管理工作。省级政务服务主管部门在全省数字政府建设中发挥着引领作用。通过实现线下实体政务服务与线上政务服务平台在省、市、县、乡、村五级的全覆盖，得以形成连接各级各部门的枢纽。在数字政府体系中，全省各部门之间的联系将得到进一步加强，从而弥补传统科层制在纵向沟通交流上的不足。这一垂直体系不仅变得更加扁平化，而且实现了数据信息的“跨部门、跨层级、跨区域”共享。在这一体系下，部门间联系更加紧密，数据壁垒等问题有望得到解决。

（四）技术要素是工具和手段

技术，即是人类在生产与生活实践中不断积累的经验与知识，亦包含各种操作技巧。其本质在于人类通过实践获得认知，进而运用这些认知去改造和利用自然。由于技术是由人类创造并使用的，因此它具有鲜明的社会属性，这一属性在人类持续追求精神和物质目标的理性进程中得到充分体现。技术是为满足人类社会需求而服务的，是社会生产力的重要因素，与社会的生产关系相互联系并相互制约。生产力作为人类改变自然环境的物质力量，决定着社会关系的发展，是人类社会不断演进的决定性力量。技术要素是生产力中最具活力的组成部分之一，其革新势必会推动生产力的发展，进而引发生产关系和经济基础的深刻变革。这种变革将促进包括国家治理、政府管理和意识形态在内的上层建筑领域的调整与演进。因此，技术变革将成为推动政府治理创新的重要驱动力。

文化堕距理论主要描述在社会变迁过程中，文化集丛中的一部分与另一部分在变化速度和时间上存在差异，从而导致彼此间的协调性降低。该理论揭示了一个现象，即技术的物质变革往往先行于人类文化和思想的转变。技术变革为思想和文化的演变奠定基础，而后者则需要一段适应和调整的时期。纵观历史长河，语言的出现促进了人们思想的交流；石器、铁器等工具的使用改变了人类生活和社会形态；农作物栽培与食物烹饪、储存技术的进步，为人类大规模集聚提供了粮食保障；文字的发明使信息得以记录和保存，并跨越地域和时空进行传递；印刷术的出现拓宽了信息传播的广度和深度；电视和电话的问世，更是打破了图画和声音传递的时空限制。每次科技的重大革新，都会对政治体制和经济结构产生影响，进而引发生活方式和思想观念的变革。自计算机诞生以来，其性能不断提升的同时，制造成本和数据存储运算成本大幅降低，使计算机从奢侈品转变为普通商品。随着计算机和网络资源的快速普及，网民数量也急剧增加。许多国家已将数字政府建设提升为国家战略，并在该领域取得了早期成果，如中国、美国、英国和澳大利亚等。为了加快信息化进程，各国不断推进网络基础设施建设，并在政府办公和公共服务中积极应用新技术，更多设备以有线或无线方式接入互联网。5G 网络较 4G 网络具有更快的传输速度和更低的延迟，并在成本和能耗方面得到进一步优化。随着数字化、网络化的快速推进，信息的传输速度、数据容量和处理速度都呈倍数增长。数字经济在社会中的占比越来越大，社会的开放程度也随着信息技术的发展而提高。在物联网数据采集、互联网信息传递、云计算、数据分析、5G 技术和人工智能等信息技术的支持下，网络办公、网络学习、网络医疗、网络购物和网络社交等生活方式的变革，催生了政务云平台、政务服务网、数据权力监督和线上民意征求等政府治理新模式的出现。数字技术为数字政府的建设提供了有力保障和支持，新一代信息技术在不断融合升级中，为政府数字化转型提供了创新动力。

二、数字政府治理机制组成要素及相互关系

参照政府治理过程，数字政府治理是由数据驱动机制、科学决策机制、统筹实施机制、政民互动机制以及评估反馈机制相互衔接而成的一个信息传递和资源整合配置的过程，这几部分构成了一个闭环的反馈控制系统，从而能够基于现实环境中出现的各种问题，通过对政府治理过程的行为进行不断的反馈和纠正，使政府治理最终达到最佳状态。

（一）数字政府治理机制的组成要素

1. 数据驱动机制

随着数字化时代的来临，数据已经成为政府治理的重要资源。数字政府治理机制中的数据驱动机制，正是指通过高效利用数据资源，推动政府决策的科学化、精准化和智能化，从而实现治理效能的提升。这一机制在数字政府建设中扮演着重要角色。数据驱动机制的核心在于数据的采集、整合、分析和应用。首先，政府需要建立起完善的数据采集体系，确保数据的全面性、准确性和时效性。这包括通过各种传感器、监控系统等物联网设备实时采集城市运行数据，以及通过政务服务平台收集公众反馈和需求信息等。其次，政府需要对这些海量数据进行有效整合，打破部门之间的信息壁垒，实现数据的共享和互通。这有助于

形成全局性的数据视图，为决策提供更为全面的数据支持。在数据整合的基础上，政府需要运用先进的数据分析技术，如大数据挖掘、机器学习等，对数据进行深入分析和挖掘。这可以帮助政府发现数据背后的关联和规律，揭示出隐藏在数据中的价值。例如，通过对城市交通数据的分析，政府可以预测交通拥堵状况，提前制定疏导措施；通过对环境监测数据的分析，政府可以及时发现污染源头，采取有效的治理措施。最后，政府需要将数据分析的结果应用到实际的治理过程中。这包括制定更为科学的政策、优化公共服务流程、提高应急响应速度等。通过数据驱动，政府可以实现治理的精准化和智能化，提高治理效能和公众满意度。

然而，数据驱动机制的实施也面临着一些挑战。首先，数据安全问题不容忽视。政府需要建立完善的数据保护体系，确保数据的机密性、完整性和可用性。其次，数据质量问题也需要关注。不准确的数据可能导致错误的决策，因此，政府需要建立数据质量评估机制，对数据进行定期清洗和校验。此外，政府还需要加强数据人才的培养和引进，为数据驱动机制的实施提供有力的人才保障。为了充分发挥数据驱动机制在数字政府治理中的作用，政府可以采取以下措施：一是加强顶层设计和规划，明确数据驱动机制的发展目标和实施路径；二是加大投入力度，提升数据技术和基础设施建设水平；三是推进政务数据共享和开放，促进数据的流通和利用；四是与高校、科研机构等加强合作，共同推动数据治理领域的研究和创新。总之，数据驱动机制是数字政府治理机制的重要组成部分。通过高效利用数据资源，政府可以实现治理的科学化、精准化和智能化，提升治理效能和公众满意度。在未来发展中，政府需要不断完善数据驱动机制，以应对日益复杂多变的治理环境和公众需求。

2. 科学决策机制

科学决策机制是指政府在制定政策、规划和管理公共事务时，充分利用现代科学技术手段和方法，进行数据的收集、分析和处理，以确保决策的科学性、合理性和有效性。这种机制在数字政府治理中发挥着举足轻重的作用，有助于提高政府决策的预见性、精准性和高效性。

（1）科学决策机制的基础：数据资源的整合与利用。在数字政府治理中，数据是科学决策的基础。政府需要打破部门之间的信息壁垒，实现数据的共享和互通，从而构建起一个全面、准确、及时的数据资源体系。这个体系应该涵盖经济、社会、环境等各个领域的数据，为政府决策提供全方位的数据支持。同时，政府还需要加强数据清洗、整合和分析能力，以提取出有价值的信息，为科学决策提供有力依据。

（2）科学决策机制的核心：智能化决策支持系统的建设。智能化决策支持系统是数字政府科学决策机制的核心。这个系统应该充分利用大数据、云计算、人工智能等现代信息技术手段，构建起一个集数据采集、存储、处理、分析和可视化于一体的智能化决策平台。通过这个平台，政府可以对海量数据进行深入挖掘和分析，揭示出数据背后的关联和规律，为决策提供更为科学、精准的建议。同时，智能化决策支持系统还可以模拟政策实施的效果，帮助政府评估不同方案的优劣，从而选择出最佳的政策方案。

（3）科学决策机制的保障：完善的制度体系和人才队伍。要确保数字政府治理中科学决策机制的有效运转，需要建立完善的制度体系和培养一支高素质的人才队伍。在制度方面，政府需要制定一系列关于数据采集、存储、处理、分析和使用的规章制度，以确保数据的真实性、完整性和安全性。同时，政府还需要建立起一套完善的决策程序和监督机制，确保决策的透明性、公正性和合法性。在人才方面，政府需要加大对数据分析、人工智能等领域专业人才的培养和引进力度，打造一支具备高度专业素养和实践经验的人才队伍，为科学决策提供有力的人才保障。

（4）科学决策机制的挑战。政府需要充分利用科学决策机制的优势，制定出更为合理、有效的政策方案，以应对日益复杂多变的治理环境。然而，科学决策机制在实施过程中也面临着一些挑战，如数据安全问题、隐私保护问题以及技术更新迭代带来的适应性问题等。为了应对这些挑战，政府需要不断加强技术研发和创新，提升数据安全和隐私保护能力，同时加强与各方合作，共同推动科学决策机制的发展和完善。

3. 统筹实施机制

在数字政府治理机制中，统筹实施机制扮演着重要的角色，它涉及数字政府建设的整体规划、协同推进、资源整合以及监督评估等多个环节，是确保数字政府各项治理任务有效落实的关键所在。统筹实施机制是指政府在推进数字政府治理过程中，通过制定整体性规划、协调各方资源、明确责任分工、加强监督评估等手段，确保各项治理任务能够有序、高效、协同推进。

这一机制的重要性主要体现在以下几个方面：一是提高政府治理的整体性和协调性。数字政府治理涉及多个部门、多个层级以及多种资源的整合与利用，统筹实施机制能够确保各项治理任务在整体规划的指导下有序开展，避免出现各自为政、重复建设的现象，从而提高政府治理的整体性和协调性。二是优化资源配置，提高治理效率。通过统筹实施机制，政府可以更加精准地掌握各部门、各地区的实际需求，实现资源的合理配置和有效利用。这不仅可以避免资源的浪费和闲置，还能够提高政府治理的效率和响应速度，更好地满足人民群众的需求。三是加强监督评估，确保治理效果。统筹实施机制强调对数字政府治理全过程的监督与评估，通过定期的检查、评估和反馈，政府可以及时发现并纠正治理过程中存在的问题和不足，确保各项治理任务能够按照既定目标顺利推进，并取得预期效果。

统筹实施机制的关键环节与具体措施主要包括以下几个方面：一是整体规划环节。政府需要制定数字政府治理的整体规划和顶层设计，明确治理目标、重点任务、实施路径以及时间节点等要素。同时，还要充分考虑各部门、各地区的实际情况和需求差异，确保规划的针对性和可操作性。在具体措施上，可以成立专门的规划制定小组，广泛征求各方意见，确保规划的科学性和合理性。二是协同推进环节。数字政府治理涉及多个部门和地区的协同合作，因此需要建立有效的协同推进机制。政府可以成立跨部门、跨地区的协调小组或工作专班，负责统筹协调各方资源和力量，共同推进治理任务的落实。同时，还可以利用信息技术手段搭建协同工作平台，促进信息共享和流程对接，提高协同效率。三是资源整合环节。为了充分发挥数字政府治理的效能，政府需要对各种资源进行有效的整合和利用，这包括数据资源、技术资源、人才资源以及财力资源等多个方面。政府可以通过建立统一的数据共享交换平台、推广先进的信息技术应用、加强人才培训和引进等措施，实现资源的优化配置和高效利用。四是监督评估环节。监督评估是确保数字政府治理效果的重要手段。政府需要建立完善的监督评估体系，制定科学的评估指标和方法，定期对治理任务的落实情况进行检查、评估和反馈。同时，还可以引入第三方评估机构和社会监督力量，提高监督评估的客观性和公正性。对于发现的问题和不足，政府要及时进行整改和优化，确保治理效果的持续提升。

为了确保统筹实施机制的有效运转和持续完善，政府还需要采取以下保障措施：一是加强组织领导，明确责任分工；二是完善政策法规体系，提供法制保障；三是加大资金投入力度，确保经费支持；四是加强宣传培训力度，提高全社会的认知度和参与度。展望未来，数字政府治理将面临更多的挑战和机遇。政府需要不断完善统筹实施机制以适应新形势下的治理需求。同时，还要积极探索创新技术应用模式和管理理念方法，推动数字政府治理向更高层次、更广领域迈进，为经济社会高质量发展提供更加有力的支撑和保障。

4. 政民互动机制

在数字政府治理机制中，政民互动机制作为其核心组成部分，发挥着重要的作用。这一机制旨在通过建立高效、便捷的沟通渠道，促进政府与民众之间的双向交流，从而促进政策制定更加科学、民主，公共服务更加精准、高效。

政民互动机制的主要形式主要包括：一是在线咨询与反馈。政府通过官方网站、政务新媒体等平台，提供在线咨询服务，及时解答民众的疑问和问题。同时，开设反馈渠道，鼓励民众对政策执行、服务效果等进行评价和建议，以便政府及时改进。二是民意调查与征集。政府定期开展民意调查，主动收集民众对政策制定、公共服务等的意见和建议。此外，针对特定议题或政策，政府还会进行民意征集活动，邀请民众建言献策，为政策制定提供参考。三是网络问政与领导信箱。网络问政作为一种新兴的政民互动形式，允许民众通过网络平台向政府提出诉求、反映问题。领导信箱则是民众与政府领导直接沟通的渠道，有助于民众的问题和建议得到更快速的回应和处理。四是政务直播与互动访谈。政府通过政务直播、互动访谈等形式，与民众进行实时在线交流。这不仅可以提升政府的工作透明度，还能够让民众更直观地了解政府工作和政策意图，促进双方的相互理解和信任。

政民互动机制建设主要包含：一是政民互动平台的建设与完善。政民互动机制的首要任务是搭建起一个高效、便捷、安全的互动平台。这一平台应涵盖政府官方网站、政务新媒体、在线政务服务平台等，以适应不同民众的需求和使用习惯。平台的建设应注重用户体验，确保界面友好、操作简便，同时要加强信息安全保障，确保民众个人信息和交互数据的安全。二是信息收集与反馈机制的构建。政民互动的核心在于信息的有效收集和及时反馈。政府应通过多种渠道主动收集民众的意见、建议和需求，如设置在线调查问卷、开设民意征集栏目等。同时，应建立健全信息反馈机制，确保民众的问题和诉求能够得到及时、准确的回应。对于收集到的信息，政府应进行分类整理、深入分析，为科学决策提供有力支撑。三是互动参与度的提升与拓展。政民互动机制的生命力在于民众的广泛参与。政府应积极拓展互动参与的广度和深度，鼓励更多民众参与到政策制定、公共服务评价等环节中。为此，政府可以开展丰富多样的线上活动，如政策解读直播、在线问答等，提高民众的参与热情和积极性。同时，应关注不同群体的差异，努力消除“数字鸿沟”，确保民众都能平等地享受政民互动的权益。四是政策宣传与解读的强化。政民互动机制不仅是收集民意的渠道，更是政府宣传政策、解读政策的重要窗口。政府应充分利用互动平台，及时发布政策信息、解读政策内涵，帮助民众更好地理解和支持政府工作。同时，政府应积极回应民众对政策的疑虑和误解，通过权威、准确的解读，增强政策的公信力和执行力。五是互动效果评估与持续改进。政民互动机制的建设是一个持续改进的过程。政府应定期对互动效果进行评估，分析存在的问题和不足，提出针对性的改进措施。评估可以从互动频率、参与人数、信息质量、反馈满意度等多个维度进行，以确保评估结果的全面性和客观性。同时，政府应积极借鉴其他地区和部门的成功经验，不断完善和优化政民互动机制。六是法律法规与制度保障。政民互动机制的建设必须在法律法规的框架下进行。政府应制定和完善相关法律法规，明确政民互动的地位、原则、方式和保障措施，为互动提供坚实的法制基础。同时，应建立健全相关制度，如信息公开制度、民意调查制度、反馈回应制度等，确保政民互动的各个环节都有章可循、有据可依。

总之，数字政府治理机制中的政民互动机制建设是一项系统工程，涉及平台建设、信息收集与反馈、互动参与度提升、政策宣传与解读、互动效果评估与持续改进以及法律法规与制度保障等多个方面的内容。只有全面、深入地推进这些方面的建设，才能构建起一个高效、民主、法治的数字政府政民互动机制，为提升政府治理能力和服务水平提供有力支撑。

5. 评估反馈机制

评估反馈机制是数字政府治理机制中不可或缺的一环。通过这一机制，政府可以更加全面、深入地了解自身治理的实际情况，及时发现问题并进行改进。同时，这一机制也有助于增强政府与公众之间的沟通和互动，提升政府的形象和公信力。在未来的数字政府建设中，应进一步加强评估反馈机制的建设和完善，推动政府治理向更加科学、高效、民主的方向发展。在数字政府治理中，评估反馈机制首先需要对治理目标进行明确和量化，以便于后续评估工作的开展；其次通过收集和分析相关数据，包括政府内部的运行数据、公众反馈数据等，对治理效果进行定量和定性的评估。政府需要将评估结果及时反馈给相关部门和人员，指出存在的问题和不足，并提出改进意见和建议。同时，政府还应通过公开、透明的方式，向公众通报评估结果，接受社会监督，增强政府的公信力和可信度。

评估反馈机制的运行需要遵循一定的原则。首先是科学性原则，评估方法和指标需要科学、合理，能够真实反映政府治理的实际情况。其次是客观性原则，评估过程需要客观、公正，避免主观因素的干扰。再次是及时性原则，评估结果需要及时反馈，以便政府及时调整工作策略。最后是连续性原则，评估反馈机制需要长期、持续运行，不断推动政府治理的改进和提升。

评估反馈机制的实施包括线下的评估反馈和与线上的评估反馈，两者是相互补充、分工合作的关系。线下的评估反馈主要依靠传统的政府评估方式或评估模式来发现和解决问题。线上的评估反馈则依赖电子化政府绩效评估系统。该系统是对线下评估反馈系统的模仿，但又非完全的复制。在评估指标设计上，杨凯瑞提出了一个智慧政府评估指标体系，将智慧政府纳入一级指标，二级指标主要包括网上办公、社会管理服务、公众参与（见表 2-3），在二级指标的基础上，又设计了包括政府部门网站建设率、非涉密信息公开率、行政审批网格化率等 8 项三级指标。该指标体系反映了对智慧政府建设过程中一些关键项目建设进展情况的评估。在未来的评估反馈机制运行中，评估反馈机制中的指标体系设定将遵循动态性的要求，政府部门需要根据政府治理的实际情况对这些指标进行更新，使所有评估主体都可以丰富和完善评估反馈机制中的指标设计，以对政府治理进行全面客观的评价和反馈。政府通过评估反馈结果，增进和改善政府服务，助力政府不断向智慧化方向迈进。

表 2-3 智慧政府评估指标

一级指标	二级指标	三级指标
数字政府	网上办公	政府部门网站建设率 非涉密信息公开率 行政审批网络化率
	社会管理服务	社交媒体等新兴移动技术普及率 城市网格化管理的覆盖率 社区信息服务系统覆盖率 数字城管系统覆盖率
	公众参与	政府信箱建设率

（二）数字政府治理机制组成要素的相互关系

数字政府治理机制各要素是参照传统政府管理中“发现问题、寻找方法（对策）—制定政策—实施政策—评估和完善政策”这一程序化的过程提出的。数字政府治理机制各要素构成了一个以反馈控制理论为原型的闭环系统，能够客观分析和评估政策制定及政策执行过程中的外在环境和内在条件，不断地对政策进行优化和调整，以保障政策的制定和执行始终处在一个最佳状态。结合公共治理、信息论及反馈控制等理论，数字政府对传统的管理机制进行了全面优化和升级。具体来说，通过运用新一代数字技术，并结合整体性治理、数字治理等先进理念，建立了数据驱动机制，使政府能够实时掌握全面、全局性的数据，从而进行科学调查与深度分析，为政府决策提供坚实的科学支撑。此外，积极利用并优化数字政府所建设的决策支持系统，将人的智慧融入其中，为公众和政府提供多元化的决策方案。在这种协商决策的模式下，能够选出最佳方案，确保决策不仅具备民主性和科学性，还更加开放、包容、透明和智慧。通过打破政府部门间的数据和资源壁垒，引入跨部门合作机制，并积极开放政府数据，推动数据共享和资源整合。这一系列举措促使政府部门之间实现了从数据融通、信息共享到资源整合、服务衔接的全方位合作，最终形成了高效的跨部门合作模型。在此基础上，依法依规实现政务公开，建设开放型、透明型政府。积极借鉴利用电子政府绩效评估系统的建设成果，构建线上线下评估反馈机制。拓宽公众参与的途径和渠道，改善政民关系，使政民互动成为智慧注入的主要途径。在此基础上，依法依规推进政务公开，努力打造开放、透明的政府形象。

如图 2-4 所示的数字政府治理机制要素的相互关系只是一个简化的模型。其中，数据驱动机制处于第一环节，该环节是政策制定前对数据进行收集、处理、加工和分析的过程，目的在于为政策制定提供“原料”和“素材”。科学决策机制处于第二环节，该环节是政策的制定过程。数据驱动机制提供“原料”和“素材”，使政策制定有了可供讨论的方案、可供参考的方法，政府部门、公众以及其他政策制定者和参与者可以就这些方案和方法进行充分讨论，实现机器智能化制定方案、人类智慧化做出决策的转变。统筹实施机制处于第三环节，该环节是政策的执行过程。统筹实施机制并不要求所有的政策都必须由政府机构进行跨部门的合作实施（尽管由于高度关联的、“无缝隙”社会的到来，由单个政府部门独立处理和完成的公共事务已经越来越少），只是针对执行难度较大、复杂程度较高的政策进行跨部门的沟通协调与合作，使各部门得以有效统筹协调公共资源，推动政策的落地和实施。政民互动机制处于第四环节，提供了政府与公众之间进行沟通、了解的重要渠道和方式，也是数字政府治理智慧性的来源和保障。在政民互动机制的建设和运行下，政府与公众之间的关系得以通过互动和沟通的方式不断加强和改进，政府也能够吸取更多的智慧，为政策的制定和完善提供基础。而对于评估反馈机制，正如前文所述的那样，该机制类似于数字政府治理过程中的“智慧大脑”，能够不断发现政府治理过程中的问题（尽可能地提出建议和对策），帮助政府优化和调整自身行为，实现更好的治理。因此，评估反馈机制实际上在智慧政府治理机制过程中起到的就是“大脑”和“眼睛”的作用，能够伴随智慧政府治理机制运行的全过程，在以人为本的理念指导和智能技术的不断助力下，持续性地进行方案、政策的优化和调整，帮助政府提高治理效能，为政府提供更高效、更智慧、更人性化的服务，帮助公众增强获得感和提升参与体验。

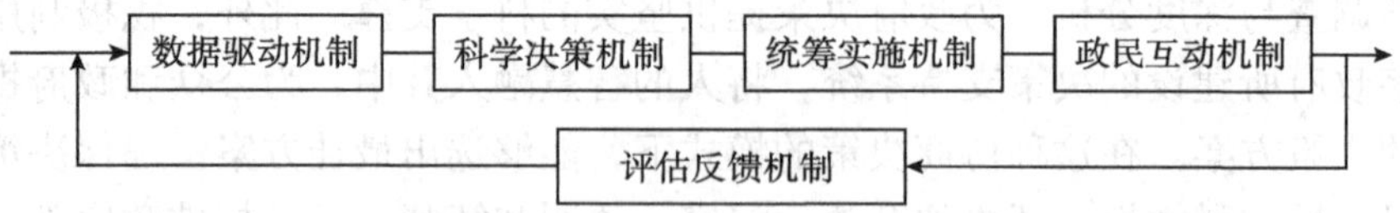

图 2-4　数字政府治理机制要素的相互关系

三、数字政府四维结构理论模型分析

在现有关于数字政府理论模型的研究中，部分学者采用了“知识金字塔模型”（“DIKW 概念模型”）作为分析工具，并运用由其衍生出的“IDK 原则”来剖析数字政府的结构。此类描述性理论分析框架为数字政府研究提供了启示。

知识金字塔模型呈现了一个由数据升华至信息，由信息升华至知识，再由知识升华至智慧的金字塔形递进过程。尽管作为其发展的“IDK 原则”针对知识金字塔模型的缺陷进行了修正，但两者在总体上均属于围绕“数据”“信息”“知识”“智慧”展开的纵向研究。此类理论模型对于数字政府研究具有一定价值，但其纵向逻辑未能全面展现数字政府在技术、组织、制度等方面的独特性，以及各要素间的多维关系。本书基于数字政府的建设实践与措施，提炼出四大构成要素：数据、制度、组织和技术。这四大要素共同作用，催生了数字政府。然而，这四大要素之间究竟存在何种关系？这仍有待于进一步地深入分析与探讨。

数据作为宝贵的资源，构成了数字政府建设的基石。如前所述，数字政府是以数据为支撑，实现数据共治的政府形态，“数据即资源”的理念在其中发挥着根本性作用。当前，随着全球数字经济规模的持续扩张，数字化的知识和信息已转化为关键的生产要素。这些要素与实体经济深度融合，在农业、工业、服务业中的比重持续攀升，已然成为推动经济增长的核心力量。在大数据时代，数据作为战略资源，为政府数字化转型提供了肥沃的土壤。政府的数字化转型不仅是技术进步的产物，更是时代发展的必然要求。数据被喻为“21 世纪的石油”，这些丰富的数据为数字政府提供了大量“可再生的”、有价值的信息，同时也催生了关于数据运用的思维观念。因此，“数据即资源”这一观念蕴含了双重价值属性：首先是数据本身所固有的信息属性；其次是数据应用在意识层面所展现的价值属性。在政府治理实践中，数据的应用和数据思维的不断深化，持续推动着数字政府治理效能的提升。若无数据支撑，数字政府便如同空中楼阁，失去了存在的根基与实际意义。

从“数字政府”这一词汇的构成中，便能直观地洞察到数据在其中所具有的核心价值和地位。然而，数据效能的充分发挥必须依赖于技术手段的应用。换言之，倘若缺乏技术要素的支撑，数据要素将难以展现其作为重要资源的价值。“一切皆可量化”的理念意在阐明，世间万物及其行为活动均可用数据来呈现。而数据的展现、数据间的关联分析，则需使用技术这一重要手段。人类每日生成的数据量极为庞大。据 IDC 于 2018 年发布的预测，全球数据产量将持续增长，预计到 2025 年将增至 175ZB。这一数字令人震撼，因为 1ZB 相当于 10000 亿 GB。若将 175ZB 的数据全部刻录到 DVD 上，堆叠起来的高度竟是地球到月球平均距离的 23 倍。面对如此海量的数据，唯有依托先进的信息技术，才能有效地提取、分析和运用其中蕴含的有价值信息。技术的支持使数据真正展现出其内在的信息价值。回顾数字政府的建设历程，其成功实现全省“一张网”的政务服务数据共享与部门间业务协同，得益于技术的不断进步和应用。数据传输平台、数据分析模型、政务服务平台等系统的开发应用，都是技术飞速发展的直接产物。缺乏技术支持，数字政府中的数据将无法得到有效分析和利用，更难以实现部门间的数据共享。大数据、云计算等信息技术的广泛应用，推动了政府数字化转型的时代潮流。技术要素作为推动生产力与生产关系变革的深层动力，其发展促使数据成为当今时代的战略资源和核心生产要素。在数字政府中，数据要素与技术要素的关系表现为：技术要素是数据要素发挥作用的充分非必要条件。换言之，技术的运用促进了数据价值的挖掘和利用，而非数据要素本身推动了技术的创新和应用。这两者的关系可以简化为一种线性因果关系：技术运用是"因"，数据价值是"果"。没有信息技术的发展和运用，数据就难以发挥其作为资源的效能和价值。因此，这种线性因果关系清晰地阐释了数字政府中"数据为资源"与"技术为手段"之间的逻辑联系。

政府组织，作为公共权力的象征，自诞生以来历经变迁，却始终屹立不倒。无论是在农业社会、工业社会，抑或是信息社会，政府组织均能顺应时代潮流，不断进行自我革新与调整，以满足社会的持续发展需求。在数字政府的构建中，数据、技术和组织这三大要素之间的内在联系已不再是简单的线性关系所能概括的。数据作为人类行为的依据，唯有在被充分利用并应用于治理实践时，其背后的价值方能得到最大化体现。然而，数据的提取、分析和利用均离不开技术的有力支撑。尽管数据与技术之间存在着线性的"因果"联系，但它们并不能在社会环境中孤立存在。为了充分发挥数据与技术的价值功能，一个能够将二者有效整合的要素便显得尤为重要，那便是组织要素。换言之，数据和技术需要依附于特定的组织载体，而该载体的性质将决定数据与技术结合后的应用场景。在商业领域，企业作为数据和技术的组织载体，其首要目标自然是追求更多的利润。对于政府而言，对数据和技术的统筹运用并非出于对经济利益的考量，而是为了推动政府在多领域的全面数字化转型，进而构建一个结构更为合理、流程更为优化的数字政府。

政府组织在数字政府建设中扮演着重要的角色，作为数据和技术要素的组织载体，政府为二者的融合提供了稳固的支撑。通过数字政府的建设实例，可以清晰地看到，技术为数据的收集与分析提供了坚实的支撑，同时，数据和技术也在组织的全面保障下得以充分发挥作用。以省级政务服务中心为例，其内部设立的"业务三处"便是一个承担技术保障与规范制定的重要部门。该部门不仅负责本级政务服务平台的信息化技术支持，还肩负着全省"互联网+政务服务"信息化的技术规范与标准的制定工作。此外，它还主导了全省"互联网+政务服务"一体化平台的规划与建设，涵盖了应用推广、联动运维、数据分析、数据共享及安全保障等多个方面，并最终实现与国家政务服务平台的顺畅联通与对接。在这个过程中，技术要素得到了组织要素的充分运用。政府组织作为数据和技术要素的组织载体，是二者发生“化学反应”的必要场所。它统筹全局，协调各要素，确保数据和技术能够在政府这个组织载体中有效结合。因此，只有当数据和技术共同作用于政府时，数字政府才会应运而生，区别于“数字企业”或“数字经济”。数字政府的出现具有深远的意义，它不仅打破了政府各部门间的信息壁垒，提升了行政效率，还将数据向全社会开放，推动了数据的共享和经济社会的发展。最终，数字政府将提供更高质量的公共服务。在数字政府中，数据、技术和组织这三大要素并非孤立存在，而是相互关联、相互促进的。

制度，这一人类实现目标与展现意志的产物，其强大的执行力和规范性为社会的协调运行及国家的稳步发展提供了坚实的保障。尤其在数字政府的建设过程中，制度发挥着不可或缺的作用。众多致力于建设数字政府的国家已经制定了相应的战略规划和政策法规，以确保数字政府建设的顺利进行。缺乏制度的引导和规范，数据与技术在各个领域的应用可能会陷入混乱无序的状态。当政府各部门在数据和技术的使用方式、规则上存在差异时，其效能将难以充分发挥，甚至可能引发“数据烟囱”的恶性循环。因此，各国纷纷出台关于数字政府建设、数据管理及数据分享的规定，旨在通过制度的规范性和指导性为数据、技术和组织的发展指明方向。制度要素是数字政府的基石，它深刻影响着数据要素、技术要素和组织要素的发展速度。同时，这三者也对制度的形成产生反作用，形成了一种相互推动、相互促进的关系。总体来说，政府数字化转型的序幕在这个大数据时代拉开。数据作为生产要素的战略地位日益凸显，改变了政府所处的环境，并对政府治理提出了更高的要求。新技术的成熟应用简化了传统流程，技术与数据的结合更有利于提升政府的行政效率。政府组织作为技术和数据的承载者，其工作流程、治理机制也随之发生变革。这些新的治理需求、工作流程和治理机制推动了政府机构和组织机制的改革，从而催生了制度层面的保障与规范。改革后的政府组织在面对新环境和新工作流程时，必然会产生新的工作内容和遇到新的问题，这将进一步推动技术的进步。这种持续的互动与变革，为政府数字化转型提供了源源不断的动力，推动了数字政府的持续发展。

数据（D）、技术（T）、组织（O）和制度（I）这四个关键要素，共同构建了数字政府的理论框架——DTOI 模型。此模型的提出，并非意在批判或抛弃现有的数字政府理论，而是在借鉴和吸纳前人研究的基础上，构建出一个更为立体、多维的理论模型。这个模型旨在深入揭示数字政府的形成过程，以及各要素间的逻辑联系，从而为数字政府的研究领域贡献新的视角和思路。尽管目前在学术界，DTOI 模型要获得一致的认可还面临诸多挑战，但其独特的理论价值和实践意义不容忽视。DTOI 模型深刻地揭示了政府数字化转型的内在逻辑：环境的变迁和技术的革新是这一转型的两大驱动力。因此，我们有理由相信，DTOI 模型在探讨政府数字化转型的道路方面，具有独特的价值和稳定性。

DTOI 模型的稳定性体现在其所呈现的智慧型数字政府形态。当数据和技术要素融合并作用于政府组织时，传统的行政管理和公共服务得以在数字化、网络化的新环境下展开。数据和信息技术被深度运用到政府决策过程中，引发了政府组织形态、沟通机制和决策机制的系列变革。此时的数字政府展现出多元共治、高效协同、精准科学决策等鲜明特点。这一数字化转型，是基于环境变迁的政府自我革新与发展的体现。当数据作为资源与新技术结合并共同作用于政府组织时，数字政府便呈现出智慧化的形态。这种智慧是数据、技术、组织和制度四大要素有机结合后的自然体现，也彰显了数字政府的独特性质。智慧的数字政府绝非简单的机械传达或小样本分析与经验治理的结合，更不是被动反应的组织，相反，它是具有前瞻性和科学性的智慧型政府，体现在智慧的治理方式、决策方式和沟通交流方式等各个方面。例如，在数字政府建设中，通过运用人脸识别等新技术和数据分析模型，实现了业务办理环节的智能化，大量事项得以实现“网上办事无需纸质材料、零人工审批和零人工干预”的智能审批办理，开创了智慧化的政务服务新模式。在沟通交流机制上，智慧的数字政府通过数据共享打破了部门壁垒，极大促进了部门间的沟通与交流。在决策机制上，通过快速获取有效信息和大数据分析弥补了经验治理的不足，提升了决策的科学性和有效性。同时，网上平台也为群众提供了表达心声、建言献策的渠道，激发了群众的政治参与热情。综上所述，智慧的数字政府不仅能够有效解决信息社会初现的矛盾，更能够将治理模式从被动应对转变为主动预见，实现从事后决策向事前预测分析并采取预防措施的转变。

数字政府的构成并非只是“数据+技术+组织+制度”的简单组合，而是以制度为基石，数据与技术在政府的统筹引领下相互作用，共同推动政府的数字化和智慧化转型。数据不仅作为基础资源存在，更能在思维层面为治理提供指引，成为辅助治理的重要工具。技术则为数据的开发利用以及数字政府虚拟端的建设提供坚实的支撑和保障。政府组织在数据与技术的融合中发挥着关键作用，其统筹能力决定了这两者结合后的性质，并推动自身的创新与进步。制度不仅为数据、技术和组织的发展指明方向，也受到这三者的共同影响。而智慧则是数字政府四维结构稳定性的生动体现，展现了政府在新时代下的高效治理能力和前瞻性思维。

第三章 国内外数字政府建设的经验与启示

第一节 全球电子政务发展现状与趋势

2022年12月28日，《2022联合国电子政务调查报告（中文版）》在中央党校（国家行政学院）发布。两年发布一次的电子政务调查报告对193个会员国及其人口最多城市的电子政务发展水平进行了调查评估，分析了数字技术对各国政府的关键性作用，阐释了在全球各种挑战背景下数字化转型和数字政府建设发展情况、最新趋势和需要重点关注的问题。这项调查报告一直被公认为是一个重要的评估衡量工具，也是公共部门数字化建设的指导框架，有效助推2030年可持续发展目标——“所有国家共同为所有人打造一个更美好、可持续发展的未来”的实现。

一、全球电子政务发展概况

报告显示，全球电子政务发展趋势持续向前推进，许多国家从较低的电子政务发展指数（EGDI）水平过渡到较高的水平。EGDI被分为四个等级：指数0.75~1.00为“非常高”水平组；0.50~0.7499为“高”水平组；0.25~0.4999为“中等”水平组；0~0.2499为“低”水平组。

从全球来看，EGDI平均值从2020年的0.5988提高到2022年的0.6102。其中，“非常高”水平组中的国家数量不断增多，达到60个国家，占联合国会员国的31%；“高”水平组的国家增加到38%；“中等”水平组和“低”水平组的国家数分别降低到27%和4%。中国电子政务发展指数属于“非常高”级别组，与2020年相比前进2位。

从全球各区域的发展状况来看，除了大洋洲，其他地区的电子政务发展指数均值均呈现上升趋势。欧洲在电子政务领域依旧保持领先地位，其平均发展指数高达0.8305。紧随其后的是亚洲，平均指数为0.6493，美洲为0.6438，而大洋洲和非洲则分别为0.5081和0.4054。值得注意的是，亚洲地区有51%的国家的电子政务发展指数得到显著提升，这充分展现了亚洲发展中国家在数字化方面的强劲发展势头，并正通过数字化助力实现可持续发展目标。美洲国家的电子政务发展水平普遍较高。然而，全球仍有约45%（即35亿人）的联合国会员国人口处于发展滞后状态。特别是非洲，该地区54个国家中有50个国家（覆盖95%的非洲人口）的电子政务发展指数低于全球平均水平。同样，大洋洲的12个小岛屿发展中国家中，也有11个处于电子政务发展的初级阶段。

当前，有超过30亿人居住在电子政务发展指数低于全球平均水平的国家，这些国家多数集中在非洲、亚洲和大洋洲。值得注意的是，在非洲的54个国家中，仅有4个国家的电子政务发展指数高于全球平均水平。这一现状凸显了全球数字发展的不平衡性，并对相关国家和地区的可持续发展构成了挑战。

二、全球电子政务发展趋势和特点

面对全球经济转型与国际合作的深刻变革，各国政府普遍倾向于借助电子政务来强化自身的管理与服务职能。这一趋势主要体现在以下几个方面：

（1）电子政务的持续发展态势明显。相关报告显示，电子政务发展指数处于高水平及非常高水平的国家数量有所增加，而中等和低水平国家数量则呈现下降趋势。目前，全球超过2/3的国家电子政务发展指数达到高水平或非常高水平，这充分反映了电子政务的强劲发展势头。

（2）众多国家加强了电子政务相关的制度和法律建设。大部分国家已制定国家级数字政府战略，并出台与网络安全、个人数据保护、国家数据、开放政府数据及电子参与等相关的法律法规。报告强调，应以“不让任何人掉队”为原则，指导电子政务和公共政策的制定与实施，特别关注儿童、青少年、妇女、老年人及残疾人等群体，通过制度和法律手段努力消除“数字鸿沟”，保障他们的基本权益。

（3）各国在线服务水平得到显著提升。近两年来，各国政府更加重视并强化了在线公共服务的提供能力和连续性。新冠疫情防控成为检验政府创新服务能力的“试金石”。多数国家利用数字技术应对疫情挑战，维护经济社会稳定，并优先提供在线服务，如数字健康、紧急响应、社会保障及数字教育等，从而拓展了在线服务对社会发展的支撑作用，有效满足了民众需求。

（4）政务服务数字化转型趋势明显。报告显示，随着全球网络联系的日益紧密，各国政府纷纷开发创新网络应用和新型商业模式，以改变公共服务提供方式，实现几乎所有事务的在线办理。同时，越来越多的国家正朝着“默认数字化”方向迈进，为民众提供随时随地的自动化、个性化服务，利用政务数据开发决策辅助工具，提升政府分析和预测能力，更好地满足社会和民众需求。

（5）新技术在电子政务领域不断创新应用。通过虚拟协作平台，政府机构和相关群体能够实现实时沟通，加速电子政务的数字化进程。此外，数据分析和人工智能技术在电子政务和商务领域得到创新应用，而在线教育和办公平台则推动了远程教育的发展和互动协作的升级。

三、全球电子政务发展面临的问题和挑战

全球电子政务发展面临的问题和挑战是多方面的，涉及信息安全、“数字鸿沟”、隐私保护、技术标准与互操作性，以及政府服务能力等多个维度。

（1）信息安全问题是电子政务发展中面临的首要挑战。随着信息技术的迅猛发展，政府部门的信息系统面临着越来越多的安全威胁。这些威胁不仅来自外部攻击，还可能源于内部泄露或系统漏洞。信息安全问题不仅会影响个人隐私安全，还可能对政府的公信力产生负面影响。因此，加强信息安全保障，建立完善的安全机制保护公民和企业权益，是电子政务发展中的紧迫任务。

（2）“数字鸿沟”问题也是电子政务发展面临的严重挑战。虽然互联网的普及正在推动电子政务的发展，但不同地区、不同群体之间的“数字鸿沟”却逐渐凸显出来。一些人因为技术、经济或文化等方面的因素，无法享受到电子政务带来的便利。这种“数字鸿沟”不仅加剧了社会不平等，还可能阻碍电子政务的全面推进。为了解决这个问题，政府需要制定相应的政策和措施，加强基础设施建设，提高公众的数字素养，确保每个人都能够参与到电子政务中。

（3）隐私保护也是电子政务发展中需要关注的问题。随着电子政务的深入发展，政府收集和使用的个人信息越来越多。如果这些信息得不到妥善保护，就可能引发严重的隐私泄露问题。因此，政府需要出台严格的法律法规和监管机制，确保个人信息的合法使用和保护。同时，政府还需要加强与公众的沟通和对公众的教育，提高公众的隐私保护意识。

（4）电子政务发展还面临着技术标准与互操作性的问题。不同地区和国家的技术水平及标准存在差异，导致电子政务系统之间的互联互通存在困难。为了解决这个问题，政府需要加强国际合作，推动技术标准一体化，确保不同系统之间的兼容性和互操作性。

（5）政府服务能力也是影响电子政务发展的重要因素。一些地区和国家的政府服务能力相对较弱，无法满足电子政务发展的需求。为了提升政府服务能

力，政府需要加强人才培养和引进，提高工作人员的技术水平和专业素养。同时，政府还需要优化组织结构和管理流程，提高服务效率和质量。

从整体上来看，各国政府更加重视分析系统性失衡的根本原因，并重新思考政策的制定、执行和评估的基本原则。政府要采用更具有包容性的战略、政策和法规，保障电子政务发展的数字化延伸，发挥互联网和数字技术在支持可持续发展和促进社会进步等方面的能力，促进数据全周期的有效流通运转，使电子政务服务更加高效、包容、灵敏，以增进各国人民福祉。

第二节　国外有关数字政府建设的经验

一、美国洛杉矶市：设立首席信息官职位

20 世纪 90 年代初，美国政府率先提出了“电子政务”的概念，并成为全球数字政府建设的“领跑者”，长期保持其国际领先地位。几十年来，电子政务和数字政府一直是美国政府坚持推进的国家发展战略。在政府的数字化转型进程中，美国各级政府部门积累了丰富的实践经验，不仅提升了工作效率，而且显著提高了民众的生活满意度。以下是美国政府在数字政府领域的几个关键举措：

（1）创立首席信息官制度，有效促进了跨层级的信息共享与业务协同。作为最早设立首席信息官职位的国家，美国借助成熟的管理体系，在信息化和数字化建设中成功解决了诸多管理难题。目前，美国政府在线建设的核心在于实现跨层级的信息共享与业务协同，通过“大门户”平台连接万余个各级政府网站，构建一个整体性的政府网络。

（2）建立数字政府管理标准，确保数据安全。美国通过制定和实施数字政府管理标准，加强了数据存储的安全性，保障了信息的准确性和可靠性，从而增强了公众对政府的信任度，并有效保护了公民的关键数据安全。

（3）以数据开放为动力，推动政府数字化转型。美国政府积极推行数据开放政策，以加速政府的数字化建设。自奥巴马政府提出“开放政府”倡议以来，美国已发布了一系列政策指令和法律文件，为政府数据开放提供了坚实的支撑。2012 年，白宫科技政策办公室牵头成立了大数据高级指导小组，旨在了解联邦政府的大数据研发活动，并制定数据开放领域的国家战略目标。

（4）建立公私合作新机制。为进一步促进民众参与数字政府建设，美国各级政府采纳了公私合作的新模式，倡导政府与企业之间的协同合作，并在信息技

术获取等特定领域实施“外包”策略。同时，在信息共享、管理理念、数字技术等多个层面，美国政府对私营企业展示了更开放的姿态。

（5）推进移动政务建设。自 2017 年起，美国政府便着手开展移动政府的建设工作，力求使公众在获取政府服务时不再受时间和地点的束缚，能够通过任意设备便捷地获取所需服务。为此，政府颁布了相关法律文件，规定所有新建或重新设计的联邦公共网站必须满足“移动友好”的标准，即易于在移动设备上使用。这一举措确保了民众可以随时随地通过移动设备浏览和访问政府网站。

二、加拿大温哥华市：注重“以公民为中心”服务理念

加拿大政府首倡“公民为本”的服务宗旨，而温哥华市则通过不列颠哥伦比亚在线平台，向公众开放了包括机动车辆、地税登记及地方财产税等诸多数据库。在治理过程中，温哥华数字政府所推行的各项政策，均基于深入且广泛的调研来制定，以确保政策紧密贴合公众的实际需求。在重建政府门户网站时，温哥华市得到了众多非政府和国际组织的宝贵技术支持。

为满足公众期望，温哥华市政府还特设了在线公民小组。值得一提的是，早在 2004 年，温哥华便已实现了所有政府部门服务的全面在线化。这一数字化转型不仅为市民提供了更为便捷、全面的公共服务，还有效缩减了政府文职岗位，进而降低了公务员薪酬开支，助力温哥华市政府连续多年提升公众满意度。当前，温哥华在推进多部门一体化的数字化政务服务方面持续努力，其中，非政府组织的积极参与为这一进程注入了新的活力，共同为构建符合公民需求的数字政府奠定了坚实基础，并指明正确方向。

三、德国法兰克福市：大力推进数字化管理

法兰克福市构建了电子身份信息认证通道，要求每个政府部门都具备承接并继续处理其他部门公共政务流程的能力，从而确保公民电子数据信息得到有效保护。此外，法兰克福市政府还创立了公民账户系统，民众在通过认证后可直接获得相应授权。该系统与德国联邦各州的电子认证系统实现了有效对接，形成了一个覆盖各地的身份认证网络，使法兰克福市民在德国任何地区都能便捷地证明自己的身份。

为了进一步提升政务效率，法兰克福市政府还着手建立了标准化的政务服务流程，并积极推动数字申报的普及。政府对现行的行政管理制度和相关法规进行了全面梳理，废除了过时的地方性条款，大力简化了办事程序，减少了不必要的审核环节，支持各地公民和市场主体通过电子申报材料快速完成审批。此外，政府还打造了一体化的电子政务服务平台，确保法兰克福地区各部门能够实时共享

政务信息数据，并在线上提供广泛的公共服务。

四、韩国首尔市：重视电子网络安全

韩国在在线服务和基础设施建设方面表现出色，特别是首尔市在数字政府建设上始终坚持“电子化”与“移动化”并行的发展战略，并高度重视互联网信息技术的应用。然而，对于许多政务研究人员而言，他们普遍认为，在当前互联网环境下，电子政务系统面临着更大的安全威胁。因此，首尔市在推进数字政府建设的过程中，也特别关注系统的安全防护。

从目前的趋势分析，全球各国政府在互联网犯罪防治方面的预算投入显著增长，从 2015 年的 3 万亿美元增加至 2021 年的 6 万亿美元，超过 1/3 的网络安全攻击是利用已知漏洞进行的，这就使数字基础设施和内部网络的安全变得至关重要。这些网络的任何故障都可能对国家的卫生、安全、国防以及经济稳定造成重大影响。因此，在政务系统设计过程中，必须充分考虑信息基础设施的风险防范和威胁应对，提升政府官员对潜在威胁的认识，并确保缓解措施的有效性。

第三节　国内有关数字政府建设先进城市的经验

一、深圳市：成立数字政府建设领导小组

深圳“十四五”规划和政府工作报告中强调了数字政府建设的重要性。深圳市政府于 2021 年成立数字政府建设领导小组，其目的是加强数字政府建设工作的组织领导，主要职责是负责数字政府建设顶层设计，审查有关数字政府建设的规划、实施方案和政策措施；统筹指挥数字政府建设工作，解决建设过程中出现的重大问题；创新运营模式，督促各单位落实数字政府建设任务。领导小组办公室设在市政务服务数据管理局，负责开展领导小组日常工作。数字政府建设涉及领域众多，需要强有力的统筹领导和各部门间协同配合，以加强数字政府建设的顶层设计，由时任市长亲自担任深圳市数字政府建设领导小组的组长，可见深圳市对数字政府建设的重视。

二、南京市：构建区块链政务数据共享平台

南京市政府利用区块链技术完成了电子证照数据共享平台的开发，成为全国

首个使用电子证照的城市。该服务平台连接了多个政府机构，各部门在实现数据共享的基础上建立起系统完善的政务服务体系，具体如图 3-1 所示。

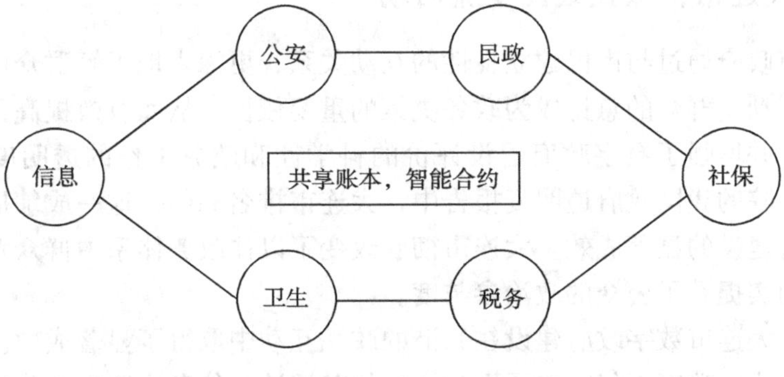

图 3-1　区块链电子证照平台基本框架

南京市电子证照服务平台采纳的区块链技术，以其卓越的安全性、高度的透明化及强大的可追溯性，为户籍登记、土地确权等提供了共享共建的路径。在数据上传环节，各部门会附加数字签名，以确保数据的真实性，从而保障数据共享的准确性。此外，每个部门都作为一个完整的节点存在，不同节点间能够展示全部部门的数据，这不仅降低了数据传输过程中的安全风险，还明确了数据的所有权与使用权，为各部门之间的数据传输提供了极大的便利。

三、杭州市：推动“一件事一次办”

杭州市数字政府的建设步伐日益加快，旨在为广大市民提供更加便捷的公共服务。其中，“一件事”理念颇具特色，它根据公众的实际需求，通过一个部门的牵头，将不同事项整合为“一件事”，并实现多部门之间的联动管理与服务。这种服务模式为市民提供“一站式”的便捷服务体验。

杭州市已有超过八成的政务服务能够通过移动互联网办理。杭州市将数字政府建设重点放在公民个人事务、不动产登记流转、商务事务登记以及投资备案审批等方面，进一步做好各类应用数据接口的统一以及既有数据的整合，实现超过 400 项个人事务的“一证通办”，一个小时之内就能完成不动产登记，同时也有超过 140 个商务事务登记能够通过现有的“一网通”联合各部门完成办理，相关投资项目可在 100 个工作日内完成申报审批，并公布了各类政务的线上办理指南，还为公众提供了在线政务办理评价平台，能够收集整合申办人的意见和建议。杭州市富阳区现已规范通过政务服务平台在线上完成多部门申报审批的流程。申办主体仅需向窗口提交所需材料，有关部门便会迅速将材料扫描转化为电子版，进行后台同步审批处理。这一举措显著提升了政务办理效率，为公众提供了更加高效便捷的政务服务体验。

四、大连市：加强政民交流活动

大连市政府通过与市民建立良性的互动关系，更深入地了解群众的情况和意见。这种互动使群众的意见成为政务决策的重要依据，从而有效提高了公众的政治参与度，并增强了数字政府建设评价的科学性和政务工作的透明度。在2019年中国社科院的我国政府透明度报告中，大连市排名靠前，这一成绩展示了大连市数字政府建设的显著成效。大连市彻底改变了以往政务体系中群众意见被忽视的局面，切实提升了公众的政治参与度。

目前，大连市数字政府建设在和谐的政民互动中取得了显著成效。通过与公众的深入交流，政府不仅获取了更为详尽的基层社会信息，还有效降低了政务信息的收集成本，从而增强了政务数据的全面性和准确性，为公共资源的合理分配提供了更为科学的决策依据。为进一步增强与群众沟通的实时性，大连市政府开设了“中国大连公众交流平台”，为市民提供24小时全天候的在线交流服务。市民可随时通过这个平台与大连市政府各部门进行无障碍沟通，咨询信息将自动转发至相关部门，以确保市民得到及时回应。若市民对相关部门的服务或查询结果感到不满，可在平台上提出投诉和建议。

第四节　国内外数字政府建设经验的启示

一、构建专业的数字政府建设团队

数字政府建设过程中既需要专门负责数字政府建设的领导小组来进行顶层设计与规划，又需要专业的数字团队进行日常维护与更新。深圳等城市特别成立了由政府各部门主要领导组成的领导小组，并配备了专业的信息技术团队。领导小组负责顶层设计和总体规划的制定与实施，而信息技术团队则专注于提升数字化水平和能力。在数字政府建设进程中，首先，成立一个专门负责数字政府建设的领导小组，该小组由各部门主要领导组成，以加强顶层设计和统筹规划。领导小组将负责具体措施的部署与安排，解决建设过程中遇到的问题，并明确管理主体，协调各部门之间的关系。其次，可以聘请既懂管理又懂技术的专业人才担任首席信息官，赋予其充分的权力，以推动数字政府的建设与发展。最后，大力培养和引进数字领域的专业人才，为数字政府建设提供有力的人才支撑。通过这些措施，可以进一步促进数字政府建设。

二、注重以公众需求为导向的政民互动工作

在推进数字政府建设的过程中，必须高度重视对公民信息的保护和数据资源的安全性。数字政府并非意味着只收集公民的个人信息，更关键的是要对敏感信息提供切实有效的保护。一旦这些高度敏感的个人数据未能得到充分保护，即便数字政府建设得再先进、再便捷，也将丧失公众的信任。首尔在数字政府建设方面之所以能够获得较高的公众满意度，正是因为其建立了一套完善的公众个人信息数据安全保障体系。相比之下，我国数字政府的发展尚处于初级阶段，因此在个人敏感信息保护方面，无论是法律法规还是技术手段，都有待进一步提升和完善。

三、加强政府数据共享

数据在推动数字政府建设和数字经济发展中扮演着重要的角色，其价值体现于数据的关联性和开放性。当前，政府部门所掌握的数据主要可分为四类，包括履职数据（源于政府工作流程）、统计调查数据（由统计部门收集）、环境数据（来自对自然和社会环境的监管）以及互联网数据（反映媒体和公众对政府履职的评价）。为了充分利用这些数据资源，应遵循统分结合、共建共享的原则，构建从国家到省级的数字政府建设平台及其运行保障机制。这些平台将由各级数字政府建设运营中心负责运营，并提供数据服务。同时，需要建立科学、统一且切实可行的公共数据资源整合标准，以实现对各地区、各部门数据的分类整合，并加强跨地区、跨部门的数据共享。此外，各级数字政府建设主管部门应共同打造政务云平台，以提高信息资源的使用效率。以国家数字政府平台为公共入口和通道，可以增强国务院部门平台和省级政府平台的支撑作用，从而构建一个统一协同、高效运转的数字政府。

在政府内部完成数据整合与共享的基础上，数据开放成为政府信息公开的关键环节。在确保数据安全、国家安全和个人隐私得到充分保护的前提下，政府部门应依法合规地开放某些数据。这些数据资源可供公民、企业及研究人员使用，进而推动社会进步。目前，我国已在国家和地方层面出台了一系列政策，为数据的开放和使用提供了指导规范。在法律允许的范围内，应进一步提升数据开放水平，借鉴政府信息公开制度“以公开为原则，不公开为例外”的原则，建立政务数据资源的“负面清单”，将“负面清单”之外的数据全面向社会开放。同时，应积极推动公共数据资源的开放与利用，通过与企业或社会组织合作，打造

数据开放平台，向社会公众提供数据资源，以推动数字政府服务向更加个性化和精准化的方向转变升级。

四、注重信息安全保障

数据的安全是数据治理的基石，若无法得到充分保障，数字政府的建设便成了空中楼阁。因此，构建一个健全的数据安全管理体系至关重要。这一体系需要全天候监测数据安全，紧密跟踪国内外数据安全技术进展，及时引进并应用新技术，打造高效的数据安全预警平台，并建立完善的预警机制。在加强数据安全管理的过程中，明确数据的生产者、管理者和使用者各自的责任是不可或缺的环节。同时，需要提升政府部门人员的信息安全技能，并强化对第三方合作者、维修运营人员以及政府部门自身的监督和管理。从法律层面来看，我国在数据安全立法方面虽然已有《中华人民共和国网络安全法》和《中华人民共和国数据安全法》两部重要法律，以及其他一些法规和规范性文件，但尚未构成一个完备的法律体系。2021 年实施的《中华人民共和国数据安全法》以法律形式明确了数据安全的地位和要求。鉴于信息技术的迅猛发展和快速更新换代，相关法律法规也需与时俱进，及时形成全面、系统的数据安全保障法规体系。在此过程中，可以借鉴发达国家的经验，制定并完善数字政府相关法律及其配套实施条例，以确立数字政府建设的根本原则、方向和标准。此外，加强全社会的法律教育同样重要。这不仅能够让公众学会运用法律保护自己的权益，而且能促进他们自觉遵守法律，共同维护数字环境的安全、稳定。

第四章　我国数字政府建设现状、存在的问题及成因

第一节　我国数字政府建设现状

一、加强数字政府建设共识已经形成

在明确了数字政府构建的核心要点后，需要系统回顾中国数字政府建设的进展情况。2020 年 7 月中旬，联合国发布了电子政务调查报告，中国的全球排名有了显著提升。自 2001 年启动评估至今，联合国电子政务调查报告已连续发表多次，被公认为电子政务领域的权威报告。《2020 联合国电子政务调查报告（中文版）》显示，2020 年中国首次跻身全球电子政务发展指数“非常高”的亚洲国家之列。相较于 2018 年，2020 年中国的电子政务发展指数由第 65 位跃升至第 45 位，而电子参与指数更是从第 29 位提升至前 10 位，均创下了历史新高。特别是在新冠疫情暴发后，我国的数字政府在经济恢复与疫情防控中扮演了重要角色。得益于党和政府对数字政府的高度重视，我国在这一领域实现了迅猛发展，特别是在长三角、珠三角等经济活跃区域，数字政府建设取得了显著突破。随着我国在 5G 技术、区块链技术等方面的持续进步，众多网络科技企业也开始在数字政府领域积极布局。总体来看，我国数字政府的基础架构已初步搭建，全国性的政务服务平台也基本建成，各地的数字政府实践也呈现出多样化的创新特色。

党的十八大以来，习近平总书记在多次谈话中都讲到了数字政府建设，并对数字政府发展作出了重要指示。党的十九大报告提出建设数字中国。党的十九届四中全会提出将“建立健全运用互联网、大数据、人工智能等技术手段进行行政管理的制度规则”作为“坚持和完善中国特色社会主义行政体制，构建职责明

确、依法行政的政府治理体系”的重要内容，这也足以说明数字政府建设是国家治理现代化的重要推手，数字政府的出现也为政府治理模式的转变提供了契机。党的十九届五中全会明确提出“加强数字社会、数字政府建设，提升公共服务、社会治理等数字化智能化水平”。这进一步体现了党和国家对数字政府建设的深切关注，为我国数字政府的发展指明了方向。

《中华人民共和国国民经济和社会发展第十四个五年规划和2035年远景目标纲要》明确指出要“提高数字政府建设水平”，“将数字技术广泛应用于政府管理服务中，推动政府流程再造和模式优化，不断提高决策科学性和服务效率”。此举不仅为我国数字政府的发展提供了坚实的政策支持，而且根据国情明确了发展目标。遵循党中央和国务院的指示，各级政府积极响应，纷纷制定了相应的数字政府发展规划。例如，《广东省数字政府改革建设2020年工作要点》《宁夏回族自治区2020年“数字政府”建设工作要点》《湖北省数字政府建设总体规划（2020—2022年）》《山西省数字政府建设规划（2020—2022年）》《安徽省“数字政府”建设规划（2020—2025年）》《河南省数字政府建设总体规划（2020—2022年）》等文件相继出炉，为我国数字政府的建设描绘了清晰的路线图。

二、全国数字政务平台建设基本完成

在数字政府规划实施之前，我国各级政府和多个部门均拥有各自的政务服务平台或手机应用程序，数量众多且复杂。这些政务平台常常各自为政，导致民众在办理业务时面临诸多困扰。他们需要先确定所办业务隶属于哪级政府的管辖范围，然后了解具体由哪个部门负责处理，在此基础上登录对应的网站或应用程序进行操作。

自数字政府战略规划实施以来，政府开始对相关部门的政务平台和App进行整合，以实现“一网通办”和“一端全办”的目标。如今，32个省级政府已经建立了统一的全省在线政务服务平台，并与国家平台实现了连接互通，同时也推进了省级政务服务App的建设工作。政府网站数量从2015年的8.4万余个精简至2020年的1.4万余个，尽管数量大幅减少，但其服务效能有了显著提升。截至2022年3月，已推出服务事项清单超过527万项，处理政务服务案件累计超过13亿次，实名注册用户也突破了4亿人，为全国各地的民众和企业提供了涵盖生产生活各方面的便捷服务。此外，为了适应智能手机的广泛使用，政务服务平台还开发了移动端App，并由相关部门负责运营推广，以满足公众和企业随时随地办事的需求。

国家政务服务平台由国务院办公厅主办，由国务院办公厅电子政务办公室维护运营，其作为全国政务服务的窗口，主要有公共入口、公共通道、公共支撑三大作用，为全国各地区各部门政务服务平台提供“七个统一”服务，包括身份认证、证照服务、事项服务、政务服务投诉建议、好差评、用户服务和搜索服务，可以为解决跨地区、跨部门、跨层级政务服务中信息难以共享、业务难以协同、基础支撑不足等问题提供平台支持。我国的网上政务服务已从过去主要提供信息服务的单向模式，逐步演进为跨区域、跨部门、跨层级的综合政务服务新模式。通过精心打造智能且精准的全国性政务服务“一张网”，政务服务平台的公众认知度和用户体验得到持续提升。这一进步促进了政务服务对基层社区、农村地区以及社会弱势群体的全覆盖。因此，企业和民众办理各类事务的便利性显著提高，办理渠道更为便捷，服务流程也得到了进一步的优化。

三、数字政府建设体制机制初步形成

数字政府建设是一项错综复杂且规模庞大的任务，其运行依赖于有效的体制机制。自数字政府建设提出以来，中央政府连续发布了一系列文件进行指导和部署，以保障国家数字政府制度规则的统一实施。2018 年，国务院印发《国务院关于加快推进全国一体化在线政务服务平台建设的指导意见》。2019 年，国务院发布《国务院关于在线政务服务的若干规定》。2020 年，国务院办公厅下发《国务院办公厅关于加快推进政务服务“跨省通办”的指导意见》。2021 年，国务院办公厅发布政务公开要点的通知。重点政策文件如表 4-1 所示。

表 4-1　国家层面数字政府建设的相关重点政策文件

序号	名称	发文字号
1	国务院关于印发促进大数据发展行动纲要的通知	国发〔2015〕50 号
2	国务院关于加快推进“互联网+政务服务”工作的指导意见	国发〔2016〕55 号
3	国务院办公厅关于印发“互联网+政务服务”技术体系建设指南的通知	国办函〔2016〕108 号
4	国务院关于印发新一代人工智能发展规划的通知	国发〔2017〕35 号
5	国务院办公厅关于印发政务信息系统整合共享实施方案的通知	国办发〔2017〕39 号
6	国务院关于加快推进全国一体化在线政务服务平台建设的指导意见	国发〔2018〕27 号
7	国务院办公厅关于印发进一步深化“互联网+政务服务”推进政务服务“一网、一门、一次”改革实施方案的通知	国办发〔2018〕45 号
8	国务院办公厅关于印发 2021 年政务公开工作要点的通知	国办发〔2021〕12 号

各地方的数字政府建设的相关规则制度也逐步完善。2020 年 2 月，广东省印发《广东省数字政府改革建设 2020 年工作要点》及《广东省政务服务“好差评”管理办法》。2020 年 6 月，湖北省出台《湖北省数字政府建设总体规划

（2020—2022 年）》。2020 年 9 月，上海市发布《上海市人民政府关于加强和规范事中事后监管的实施意见》。2020 年 11 月，浙江省发布《浙江省人民政府办公厅关于印发浙江省数字赋能促进新业态新模式发展行动计划（2020—2022 年）的通知》。2020 年 12 月，江苏省发布《省政府办公厅印发关于加快推进政务服务"省内通办""跨省通办"实施方案的通知》等。

数字政府建设的管理机构设置方面，截至 2021 年末，已有 28 个省级政府成立专门政府数据管理机构，而其他地方则主要由省办公厅负责相关事务。这些管理机构在行政隶属上多属于政府直属、部门管理或事业单位。在机构组建上，采取多种模式，包括对部门职能的重新组合、在原有职能部门基础上增加新职责、在现有机构上加挂新牌子等。至于其职责范围，则主要集中在宏观战略规划和数字产业发展指导上。部分省级大数据管理机构如表 4-2 所示。

表 4-2　部分省级大数据管理机构

地方	机构名称	隶属部门
广东	广东省大数据管理局	广东省经济和信息化委员会
	广东省政务服务数据管理局	广东省政府办公厅
贵州	贵州省大数据发展管理局	贵州省政府
浙江	浙江省数据管理中心	浙江省政府办公厅
	浙江省大数据发展管理局	浙江省政府办公厅
内蒙古	内蒙古自治区大数据发展管理局	内蒙古自治区政府
重庆	重庆市大数据发展局	重庆市经济和信息化委员会
	重庆市大数据应用发展管理局	重庆市政府
江西	江西省信息中心（省大数据中心）	江西省发展和改革委员会
陕西	陕西省政府办公厅（省政务大数据局）	陕西省工业和信息化厅
上海	上海市大数据中心	上海市政府办公厅
天津	天津市大数据管理中心	天津市委网络安全和信息化委员会办公室
福建	数字福建建设领导小组办公室（省大数据管理局）	福建省发展和改革委员会
广西	广西壮族自治区大数据发展局	广西壮族自治区政府
山东	山东省大数据局	山东省政府
北京	北京市经济和信息化局（市大数据管理局）	北京市政府
安徽	安徽省数据资源管理局（省政务服务管理局）	安徽省政府
河南	河南省大数据管理局	河南省办公厅
吉林	吉林省政务服务和数字化建设管理局	吉林省政府

续表

地方	机构名称	隶属部门
湖北	湖北省大数据中心	湖北省政府
海南	海南省大数据管理局	海南省政府
四川	四川省大数据中心	四川省政府
	省政务大数据中心	省工商建设监督局
河北	河北省政务服务管理办公室	河北省政府
陕西	山西省行政审批服务管理局	山西省政府
辽宁	辽宁省营商环境建设局（省大数据管理局）	辽宁省政府
江苏	江苏省政务服务管理办公室	江苏省政府
湖南	湖南省政务管理服务局	湖南省政府办公厅
云南	云南省政务服务管理局	云南省政府办公厅
青海	青海省政务服务监督管理局	青海省办公厅
甘肃	甘肃省大数据中心	甘肃省政府

此外，自2018年起，各地区纷纷开始设立数字政府建设领导小组。截至2021年底，已有21个省级政府创建了此类小组。这些小组通常由省级领导或大数据管理部门主导，负责协调各部门推进建设工作。例如，广东省建立了“数字政府”改革建设工作领导小组和“数字政府”改革建设专家委员会，山东省成立了数字强省建设领导小组，浙江省设立了政府数字化转型工作领导小组。综合来看，我国数字政府的体制和机制已初步构建完毕。

四、地方数字政府建设创新各具特点

创新是推动发展的核心驱动力，要实现数字政府的高质量发展，就必须持续开拓创新。在我国数字政府的建设进程中，各地依托本地特色与优势，勇于尝试创新，从而涌现出大量杰出的实践案例，这些案例无疑为我国未来数字政府的建设积累了宝贵的经验。

广东省在国内率先推进数字政府建设，进行战略规划并开展体制机制的深度改革。为了加快这一进程，广东省与腾讯及三大运营商携手，共同成立了数字广东网络建设有限公司，专门负责数字政府的构建与运营。广东省积极推动数字服务方式的革新，连续推出了“粤省事”移动政务服务平台、广东政务服务网等，从而推动了广东省政府服务的一体化整合。此外，广东省还形成了“1+N+M”政务云平台架构，即以一个省级云平台为核心，辅以多个特色行业云平台和地市级政务云平台。这种架构不仅有效降低了政府信息化建设成本，还极大地促进了部门间的信息资源共享，从而大幅提升了行政效率。

浙江省同时身兼国家电子政务综合、公共信息资源开放及政务信息系统整合共享三大试点的重任，这一特殊地位在国内是独一无二的。浙江省借助“互联网+政务服务”的契机，全力推行“最多跑一次”改革，并颁布了相应的省级地方标准。该标准着重强调一次性办结的原则，从而显著提升了政府部门的办事效率，规范了政府权力的运作流程。同时，为了保障改革效果，浙江省还建立了全面、规范的评估体系，并设立了“以人民为中心”的投诉平台。此外，浙江省还通过研发“浙政钉”和“浙里办”两款应用软件，将政务服务延伸至移动端，实现了“掌上办公”与“掌上办事”。其中，“浙政钉”主要为政府内部工作人员提供联通服务，而“浙里办”则面向广大公众提供便捷服务。

2018 年，上海市率先提出了政务服务“一网通办”的构想，并已逐步实现政务服务工作的重心由部门管理为中心向以用户需求为中心的转变。目前，已实现“一次登录、全网通办”，以及线下办事“只进一扇门、最多跑一次”。现已构建并完善了“一网通办”的框架体系和运作机制，其中包括一个统一的总门户、身份认证系统、公共支付平台以及物流快递服务。这一体系逐步实现了企业与群众线上线下事务的“一网式”受理，以及区域内事务的通办。此外，上海市还针对办事过程中的痛点和难点进行了专项治理，推行了“好差评”制度以提升服务质量。同时，有效地整合了各方资源，将大数据、云计算、物联网等先进技术深入应用于政府监管、服务和决策等多个环节。

第二节　我国数字政府建设存在的问题

“凡事预则立，不预则废”，尽管我国数字政府建设取得了一定的成绩，较之前有很大进步，但是要对我国数字政府建设当前遇到的问题有一个清晰的认知，并设法解决这些问题，这样才能有效推进我国的数字政府建设。

一、数字政府政务服务能力不足

在数字政府建设的过程中，应始终秉持“以用户为中心”的原则，致力于为广大群众提供更为便捷高效的政务服务。各地政务服务水平的不均衡，使满足群众日益增长的多样化公共服务需求成为一项挑战。目前，虽然各地都在积极推动数字政府建设，且省级政府均已建立起省级政务服务平台，但在构建全国一体化政务服务平台的过程中，各省级政务服务平台之间尚未打破数据壁垒，省级政府间的政务服务平台也未能实现完全互联互通。

依据2021年的省级政府和重点城市一体化政务服务能力调查评估报告，全国31个省（自治区、直辖市）中，已有30个地区成功构建了覆盖省、市、县、乡、村五级的网上政务服务体系，有力地推动了全国政务服务“一张网”的构建。各地区的发展并不均衡，部分乡镇或村级单位未能充分利用政务服务资源，从而导致资源的浪费。同时，在乡镇或村级的政务服务网站中，虽然政务服务平台已经建立，但页面设计过于简化，功能不够完善，甚至存在无法处理某些事务的情况。目前，多数政务服务平台缺乏以用户需求为导向的服务场景设计，在服务引导、用户登录、服务订阅等环节，仍存在服务难以查找、操作繁琐、需要多次点击或二次登录的问题，这要求必须提升平台的精准化服务水平。在移动端服务方面，各省虽然纷纷推出了相关的App和微信小程序，但与平台网站相比，移动端的功能相对较少，页面设计也相对简单，还无法将所有服务事项都迁移到移动端应用上。此外，还需要关注到老年人群体的政务服务需求。由于不少老年人不熟悉网络操作，不会使用智能手机，因此他们无法享受到科技带来的便利。如何帮助这类弱势群体跨越“数字鸿沟”，让他们也能享受到便捷的政务服务，是当前迫切需要解决的问题。

二、“信息孤岛”现象依旧存在

“信息孤岛”通常指的是政府部门间信息来源独立、信息平台互不兼容、信息处理难以实现交互关联，以及信息应用无法互换共享的现象，这导致了信息壁垒和信息堵塞。“信息孤岛”阻碍了数据的“活力”和信息的共享开放，从而无法充分发挥其最大价值。由于“信息孤岛”众多，资源难以有效共享和开放，这不仅加重了行政负担，还严重影响了行政效率。

在优化信息系统建设的基础上，各地区和各部门正积极推进政务信息系统的开放与共享。得益于相关部门的统筹协调，中央层级政务信息系统的整合共享已深入开展，从而基本消除了“信息孤岛”现象。然而，在地方政务信息系统的建设上，存在标准不统一的问题，导致地方政务信息系统的整合共享难度较大。此外，组织架构的条块分割，使不同地区和部门间的合作不够紧密，缺乏统一的组织活动。这些因素都导致了数据信息的碎片化，阻碍了政府部门间的数据互通与信息共享，以及功能的对接。程序繁琐或某些跨地区、跨部门事项无法在线上办理，都凸显了“信息孤岛”仍是阻碍“一网通办”和“最多跑一次”改革深入发展的核心问题。

三、政务数据安全防护存在隐患

随着大数据的技术的发展及广泛应用，数据安全问题也成了各国政府关注的热点与重点，我国也面临着不容忽视的数据安全问题，数据安全问题也成了数字政府建设的“瓶颈”。在现有的网络安全框架内，各级政府和部门在网络安全防护方面的力量仍显薄弱，且网络安全领域的专业人才匮乏。同时，数据安全治理的强度和重视程度需要进一步提高，以更好地应对当前频繁发生的数据安全事故。

在政务数据的生产、储存、处理等环节，以及政务数据的共享、开发和利用过程中，数据的安全亟须得到更为严密的保障。这些环节中的任何一点疏忽都可能引发严重后果，轻则可能导致个人信息和隐私的泄露，重则可能危及国家和社会的整体安全。

各地区和部门的政务系统相对独立，且彼此间并未实现互联互通。在网络安全预警方面，必须提高警惕，防范网络攻击，处理突发网络安全事件，强化日常运行监测，这些都是关键环节。鉴于网络安全运营规范与标准尚未确立，仍需完善常态化、全面化、动态化的预警机制。网络安全事故一旦发生，后果将不堪设想。此外，相关工作人员的个人素质也不容忽视，他们应不断提升自身的信息素养和安全意识。

四、数字政府建设地区发展不均

数字政府建设的目标在于拓宽政务服务的覆盖面，确保全国人民都能享受到发展所带来的益处，降低公众获取政务信息的难度和成本，从而提供更加便捷的公共服务。然而，各地区发展水平存在差异，导致数字政府建设呈现出不均衡的现象。

近年来，为推进数字政府建设，多个国家级智库根据数字政府建设标准及我国实际情况，构建了各异的评估体系和准则。就目前而言，成果主要以中央党校（国家行政学院）电子政务研究中心的“省级政府和重点城市一体化政务服务能力（政务服务好差评）调查评估报告”、中国信息通信研究院发布的“数字政府一体化建设白皮书”和清华大学数据治理研究中心的《2020 数字政府发展指数报告》为主。

尽管上述三个评估报告在出发点、评估准则和考察方向上各有差异，但它们的评估结果表现出显著的一致性。这三份报告均显示，上海、浙江、北京、广东等地区位列领先梯队，而新疆、西藏、云南、青海等地则相对不足。根据评估分析，我国数字政府建设的整体格局大致呈现为东部强于西部、南部强于北部的特点。从地域分布来看，珠三角、长三角和环渤海地区形成了三个主要的发展中心。因此，显而易见的是，不同地区或省份在数字政府建设水平上仍存在显著差异，这也导致了各地民众享受数字政府服务的便利程度不同。整体来看，数字政府建设发展水平同地方经济发展水平基本一致，数字政府建设的水平反映着地方的数字经济及数字化发展的水平，这是由于当地的数字经济发展及数字化发展会“倒逼”政府进行变革，推动政府进行数字政府建设。各地数字政府建设发展水平还存在差异，如果这种差异长期保持，将不利于满足国家治理体系与治理能力现代化的要求。

第三节 我国数字政府建设问题的成因分析

在深入探讨我国数字政府建设所面临的问题后，对这些问题产生的根源进行剖析，对于提出数字政府建设的优化策略至关重要。问题的成因主要体现在管理与发展需求不匹配、数据共享与利用能力有限、技术滞后与专业人才缺失、法律法规与管理制度不完善方面。

一、管理与发展需求不匹配

管理理念的落后、管理部门的分散以及管理体制革新方法的不当，都使政府的政务服务水平无法满足公众日益增长的需求，进而制约了政务服务能力的提升。为推进数字政府建设，必须建立一个统一的管理部门来负责全面管理。

二、数据共享与利用能力有限

数字政府建设的核心不仅在于“数字”技术的运用，更需强调“治理”的重要性。数据治理是其中不可或缺的环节，而政府的数据治理能力直接决定了其能否有效应对大数据时代的挑战，以及能否实现政府治理方式的创新。

首先，数据资源共享体系存在优化不足的问题。由于各地政务系统建设既要满足当地发展需求，又要符合中央部门的规范，因此，无论是从项目构建的角度来看，还是系统管理的视角来看，地方政务系统都容易形成“信息孤岛”的现象。

其次，政务数据的开发利用水平有待提高。政务数据的质量仍需改善，这主要是由于技术支持不足。因此，政务数据与社会数据较难实现深层次的融合与创新，进而不能满足将数据应用于加强科学决策、提升行政效率和辅助行政监管的需求。

最后，业务信息系统的建设尚待进一步完善。业务信息系统是支撑各部门协同联动的关键环节。新一代数字技术已得到广泛应用，但区块链和人工智能技术与业务信息系统的深度结合尚未实现。因此，业务信息系统仍需进一步优化，以丰富其功能，满足政府应用的多样化需求，从而提升政府的数据治理能力。

三、技术滞后与专业人才缺失

科技作为推动人类社会不断前行的关键力量，不仅引领着时代的进步，更为社会的发展提供了源源不断的动力。在数字政府建设领域，科学技术的发展尤为关键，它不仅为数字政府建设提供了坚实的基础和有力的保障，更在一定程度上促进了数字政府服务能力的提高和服务内容的创新。相较于国外，我国的数字政府建设起步较晚，在不断追赶与探索中，仍需努力在创新型、引领型技术手段上取得突破性进展。我国超过90%的芯片、元器件，超过70%的通信骨干网络设备来自国外，在操作系统、专业软件、大型应用软件以及其他高端技术服务方面仍依赖国外进口和专利，这就使我国在关键核心技术、重点零件等方面被发达国家限制。

在当前的国际竞争中，人才的竞争是核心，人才是推动发展的最宝贵资源。对于我国的数字政府建设而言，同样急需既懂业务又懂技术的复合型人才。各地区、各部门都迫切需要加强数字政府建设的人才队伍培养。数字政府涉及多个学科领域，因此，那些既了解专业业务与管理，又熟悉信息技术与电子政务开发管理的高素质人才显得尤为稀缺，需要大力培养高端技术专家。然而，目前我国在人才引进与交流方面存在渠道不畅的问题。专业的数字政府建设人才相对匮乏，且主要集中在东部沿海发达地区，而中西部地区则缺乏引进这些人才的途径和进行人才培训交流的机会。此外，目前培养这类人才的高校和科研院所数量有限，每年的毕业生数量无法满足国家的发展需求。虽然理论对实践具有重要的指导作用，但我国在数字政府建设的理论研究方面还略显不足，未能充分发挥专家学者的作用，缺乏专门研究数字政府建设的研究机构或团队，相关的研究课题也较少，更难以激发学者的研究热情。

四、法律法规与管理制度不完善

数字政府建设的发展步伐迅速，特别是科学技术的不断更新换代，为数字政府建设带来了新的内容、模式和发展方向。然而，政策、法律、法规和制度的更新却未能及时跟上技术的创新步伐，这在一定程度上制约了数字政府的健康有序发展。

在法律法规层面，我国数字政府相关的法律体系尚缺乏整体性的规划，现有的法律法规不够完善，且彼此之间的衔接性有待提高。这种情况在数字政府建设过程中引发了数据和信息开放运营方面的风险。目前，针对数字政府建设的法律规定主要是行政法规、部门规章或地方性法规，而关于数字政府的基础性立法以及法律框架体系尚未完全构建。尽管这些行政法规、部门规章或地方性法规在一定程度上构成了我国数字政府建设的规范基础，但它们仍难以满足当前数字政府建设的法律需求。我国目前仅有《中华人民共和国网络安全法》和《中华人民共和国数据安全法》两部法律在数字政府建设方面提供了指导，但在数字政府建设、数据公开、数据采集、数据权属、技术应用等关键领域，法律法规还存在空白。因此，迫切需要制定相应的法律，以明确数据规范，并解决权责不清和安全隐患等问题。

在数字政府建设过程中，关于数据和信息的收集、加工、整合及运用的标准和规范尚不完善，同时，数据和信息的开放标准与流程也缺乏规范性。此外，数字政府的数据和信息保障标准、保障体系亟待健全，数据开发和信息挖掘的准入许可等方面也存在不规范之处，这些都是数字政府管理制度不完善的表现。在人员管理方面，由于缺乏相应的评估、考核及培训制度，导致相关工作人员的能力素质有待提高，难以满足数字政府建设的实际需求，容易出现工作失误。数字政府建设的监督体系尚未建立，在信息和数据的收集、开放、使用、维护过程中，监督监管力度不足，从而引发了信息和数据的安全隐患。另外，制度的合理性也亟待加强，以避免政策制度之间的冲突，否则将会影响工作人员在数字政府建设中的积极性和主动性。

第五章　数字中国背景下数字政府五大转变与发展

2022年6月，国务院颁布了《国务院关于加强数字政府建设的指导意见》（以下简称《指导意见》），其中，为我国数字政府建设在2025年和2035年的发展目标设定了明确要求。该文件从发展现状、基本原则、主要目标等多个维度出发，提供了具有前瞻性、实用性和创新性的详细规划。依据《指导意见》的指示，数字政府建设成为建设网络强国和数字中国的基础性和先导性工程。数字政府的作用与意义将超越“政府”本身，深入到所有被数字化浪潮席卷的经济社会领域。因此，数字政府所带来的需求与市场机遇，将不仅触及现有的生态参与者，更将吸纳那些原本看似不相关的数字经济企业。2023年2月28日，中共中央、国务院联合发布了《数字中国建设整体布局规划》，这是关于数字中国的全面规划文件。该文件要求各地区、各部门根据实际情况，切实贯彻执行。作为一份对中国未来发展具有重大影响的文件，它的发布也被业界赞誉为“数字领导时代的到来”。

第一节　未来数字政府建设的五大战略性转变

从未来数字政府建设的趋势来看，《指导意见》中已显性或隐性地展现了数字政府建设的五大战略性转变，把握这五大转变对决策、推进和参与下阶段数字政府建设至关重要。具体如图5-1所示。

一是数字政府建设在角色、价值与地位上发生了显著变化，从原先的“电子政务借鉴电子商务”逐渐演变为“数字政府推动数字经济发展”的新格局。

《指导意见》标志着中国数字政府建设进入了一个新的阶段。从本次文件涵盖的公共服务和政务服务内容来看，所提及的信息均源于当前正在进行的地方实

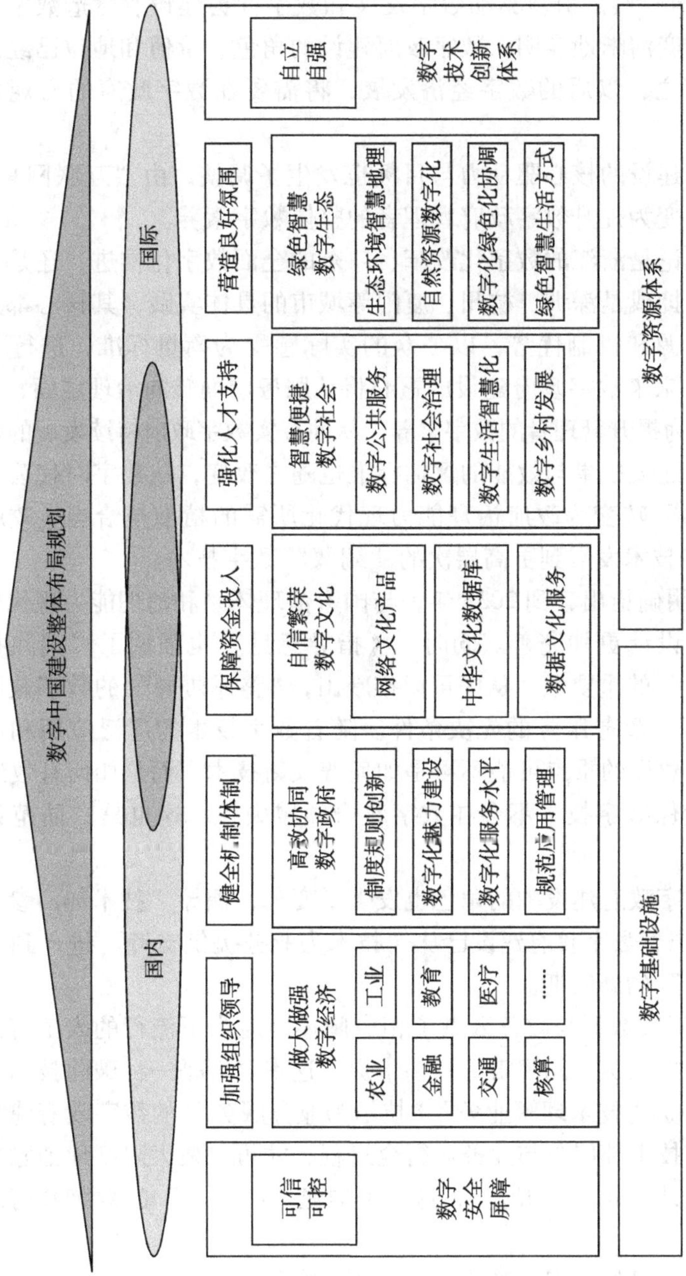

图 5-1　数字中国建设整体布局规划

践试点。这不仅从侧面反映了过去几年我国在“互联网+政务服务”方面取得的显著成果，而且将数字政府视为建设网络强国和数字中国的“基础性和先导性工程”。加强数字政府建设是引领驱动数字发展和数字社会建设、营造数字生态的必然要求。这一转变清晰地表明，数字政府建设的角色、价值和地位已经发生了深刻变革。简而言之，以后的数字经济发展，将需要在数字政府的宏观指导下进行。

二是数字政府建设的核心驱动力与目标也发生了调整，由“互联网+”时代的政务服务竞争转变为提升数字政府管理者的整体数字素养。

过去几年，无论是浙江的数字化改革、广东的全面数字化推进，还是上海的城市数字化转型，抑或是深圳、杭州、厦门等城市的具体实践，其核心都是充分利用各自的发展资源和机制优势，以公众的实际感受为衡量标准，进行“领跑式”的创新尝试。未来数字政府建设的重心将从服务层面转向治理层面，从追求公众的满意度转变为提升管理者的数字素养，从而夯实数字政府持续发展的基础。

三是数字政府建设成果与效能的评估标准也随之改变，从数字时代公众对公共服务的“获得感”转变为政府治理能力现代化所需的精准与恰当。政府从简单地“运用”数字技术发展到更高层次的“驾驭”数字技术。

《指导意见》明确指出，到2035年，与国家治理体系和治理能力现代化相适应的数字政府顶层设计更加完善。同时，《指导意见》也强调了“消除技术歧视，保护个人隐私”的重要性。从中可以推断出，“整体协同”的数字政府组织是实现“公平普惠”政务服务的先决条件。随着数字技术的广泛应用和深入发展，未来数字政府建设的重点可能不再是如何普及新技术，而是如何有效地“掌控”这些技术，确保数字技术不会在数字政府领域失控，这也是“防范系统性风险”的基本要求。

四是技术在数字政府建设中的角色也发生了变革，倡导“技术部门参与业务运行过程”，这标志着数字政府建设已从“技术为业务提供支持”进入到“业务需求引导技术发展”的新时期。

《指导意见》对大数据与政务云做了相应阐述，对当下流行的人工智能、区块链、物联网、虚拟现实、元宇宙等只字未提，这本身即是一种破除技术概念迷雾的价值回归，建立“技术理解业务”“技术为业务服务”的数字政府建设核心理念。同时，只有技术部门参与业务运行全过程，才可以最大限度地消除技术与服务逻辑、体验设计之间的“温差”，这也是构建“有温度”的数字政府的基本要求。

五是数字政府建设的组织决策体系也经历了变革。

《指导意见》着重强调了“加强党中央对数字政府建设工作的集中统一领

导”，提出建立数字政府建设工作领导小组，并“将数字政府建设工作作为政府绩效考核的重要内容，考核结果作为领导班子和有关领导干部综合考核评价的重要参考”。这一举措体现了数字政府建设所具有的战略高度和考核严谨性。回顾以往数字政府和智慧城市的地方政策规划，通常是由省、区、市的主要领导（如常务或副职等）担任领导小组组长，这已成为一种“常规”。然而，未来各地及部门党委的最高领导可能会全面掌控数字政府建设的方向。同时指出干部队伍数字意识和数字素养有待提升。

第二节　未来数字政府建设的六大底层逻辑

《指导意见》深入且具体地揭示了未来数字政府建设的六个基础逻辑，涵盖了价值、平台、环境、投资和安全等多个层面，为数字政府的决策者、从业者和建设者提供了六个明确的指引，以助力他们在数字政府生态创新中更有效地发挥作用。

一、数字政府的价值引领性

数字政府不仅是与数字经济、数字社会、数字生态并行发展的一个数字化领域角色，还是引导和塑造这些领域的重要动力引擎。这种引领价值的动力，源于党的全面领导和强大的组织能力。因此，要客观、务实地认清数字政府在新的历史阶段所扮演的角色和地位，这是开展新时期数字政府各项工作的先决条件。

二、政策产品的平台首发性

《指导意见》提出，在政务公开方面，“加快构建以网上发布为主、其他发布渠道为辅的政策发布新格局”。这可能是继提出政府网站作为“第一平台”之后的最新定位。强调“网上发布为主”，本质上即是强调网络平台对于数字时代政府政策的首发性价值。此外，“网上发布”的内涵范围愈加宽阔，不仅包括政府网站、App、小程序等，还涵盖了图文、短视频、动画乃至虚拟现实的政策产品体验。

三、发展环境的动态适应性

《指导意见》针对数字政府建设提出了总体要求。其背后蕴含了两层深意：一是在过去的一段时间里，数字政府建设工作与现实条件、制度、环境之间存在不匹配的现象，具体表现为法规制度滞后于发展需求，以及政府职责体系与数字政府发展不相适应。二是表明了数字政府建设工作的“适应性”，其本质是在强调数字政府在未来应具备“引领”作用，以推动数字经济、数字社会、数字生态的和谐、有序和健康发展。

四、建设运营的渠道开放性

《指导意见》指出，创新数字政府建设管理机制。同时，做好数字政府建设经费保障，统筹利用现有资金渠道，建立多渠道投入的资金保障机制。财政资金的注入为数字政府的建设和运营提供保障，以国有资产结构为主导的运营方式有望成为“多元化融资”中越来越常见的资金保障途径。更进一步地，可以设想，未来政务服务平台上的公共服务与商业服务相结合的数字消费项目，或许会发展成为新的创收渠道。

五、数字技术的监督约束性

《指导意见》提出，开展对新技术新应用的安全评估，建立健全对算法的审核、运用、监督等管理制度和技术措施。算法将成为数字安全领域的核心要素。未来对算法的审核、监管力度，将远超对信息和数据的审核、监管。原因在于，算法一旦启动，其产生的影响将是无差别且大规模的。对算法的审核与监督，实质上是在掌控智能时代的数字权力。也就是说，未来所有的数字政府运营主体及企业都可能需要做好算法评估、审核和监督的准备。

六、数字救济的无限兜底性

“公平普惠”是2035年的数字政府建设目标之一。《指导意见》提出，“积极打造多元参与、功能完备的数字化生活网络，提升普惠性、基础性、兜底性服务能力”。在“大政府”的框架下，未来的数字政府在经济运作中可能将扮演“无限责任”的角色，旨在为社会的各个阶层提供“兜底性”服务。这意味着数字政府需要承担起为边缘群体提供数字援助的责任与义务。然而，要实现这种“兜底性”服务，最终还需依赖整个数字政府生态中多元主体的共同努力。

第三节　数字政府建设的发展洞察

一、“互联网+监管”成为“互联网+政务服务”之后的新热点

从近年来的发展成果来看，一体化在线政务服务平台所取得的显著成效已经

广受认可。《指导意见》中提出的各项任务，实际上已经在多个地区进行了试点实践，并有望在未来进一步推广实施。虽然公众对“互联网+监管”感知度相对较低，但其监管效果所引发的社会反响却经常成为公众关注的焦点。在经济领域，直播电商、长租公寓、社区团购、数字藏品等催生了新技术、新业态、新产业，监管方式和思路亟须持续更新，这是保障公众数字生活权益不受侵害的关键。从数字化发展的趋势来分析，“互联网+监管”有望成为继“互联网+政务服务”之后的新热点。

二、基层治理智慧化将产生新的发展格局

“基层治理智慧化”在实现国家治理能力与治理体系现代化中扮演着重要的角色。以超大型城市在新冠疫情期间的表现为例，基层治理的精准度和智慧化水平对公众对政府的形象认知和能力信任度产生了直接影响。《指导意见》提出，实施“互联网+基层治理”行动，构建新型基层管理服务平台，推进智慧社区建设，提升基层智慧治理能力。所谓“构建新型基层管理服务平台”，其深层含义可能包括：首先，现有的城市“一网统管”体系尚未完全满足基层管理服务需求。其次，传统的网格化管理模式已无法适应新时期公众对社会治理的期望和需求。最后，这种“新型基层管理服务平台”预计将是一个线上线下相结合、实体与数字孪生的创新平台。

三、“绿色双碳”或成为数字政府新的赛道

“绿色双碳”在数字化领域内经常被提及，从人们熟知的数据中心减碳，到运用数字化工具和平台对物理空间的碳排放进行预测和控制。然而，具有显著贡献和可复制价值的实例可能并不多见。那么，具有引领作用的数字政府建设领域，是否能率先进行“绿色双碳”的实践探索呢？能否在数字公共服务、社会治理、市场监管等具体场景中，设计出“碳足迹”计算工具或碳排放计算器，以此为其他行业提供实验依据？《指导意见》中明确提出了加快构建碳排放智能监测和动态核算体系。

四、“穿透性”将成为“互联网+督查”新特征

《指导意见》提出，优化完善“互联网+督查”机制，形成目标精准、讲求实效、穿透性强的新型督查模式。其中，“穿透性强”一词，既展现了大数据时代的独特优势，也揭示了数据纷繁复杂背后的“隐患”。同时，监管的特点是通过分析庞大数据来洞察细微变化，探寻事实真相。然而，这也伴随着各种舆论、数据和信息的繁杂噪声，对督查工作构成了一定的干扰和误导。因此，“穿透性

强”对数据共享提出了更高的要求。

五、场景驱动成为数据共享的基本动力

在数据开放和数据治理的早期阶段，这些活动往往是自发的、自觉的，缺乏具体的场景引导和需求激发。《指导意见》明确指出，有序推进国务院部门垂直管理业务系统与地方数据平台、业务系统数据双向共享。以应用场景为牵引，建立健全政务数据供需对接机制，推动数据精准高效共享，大力提升数据共享的实效性。推进社会数据“统采共用”，实现数据跨地区、跨部门、跨层级共享共用，提升数据资源使用效益。从上述要求中可以看出：首先，地方和基层将不再只是不断上报数据而看不到、用不到数据的“表哥”和“表姐”，加速纵向和横向系统的数据共享，可以直接提升政府的运作效率。其次，以应用场景为引导的数据对接和共享机制，不仅能够促进数据的快速流动，而且可以真正激发由数据驱动的创新主动性，打造数据创新场景，场景又反过来丰富数据。最后，实现社会数据的“统采共用”。

六、政务云市场或将持续“动荡”

政务云市场已历经两轮显著的变革。起初，微信、钉钉等平台通过“互联网+政务服务”的创新引领了第一轮变革，公众号、小程序的广泛运用，特别是在新冠疫情期间微应用的迅速响应，使政府机构初步体验到了云计算的优势。随后，出于对数据安全、数据公平、隐私保护及平台监管等问题的考虑，国资云逐渐成为政务服务的首选，这标志着第二轮变革的到来。而现在，从多家企业云部门的最新动态及高管变动来看，政务云市场可能正迎来第三轮变革的曙光。《指导意见》强调，各地区按照省级统筹原则开展政务云建设，集约提供政务云服务探索建立政务云资源统一调度机制，加强一体化政务云平台管理和调度。换言之，在“一体化”与“一朵云”的理念指导下，平台企业要想脱颖而出，关键在于其产品设计、对用户思维的深度理解以及对运营节奏的精准把控。

中国数字政府建设现已迈入新的历史阶段。从长远视角来看，中国数字政府建设正逐步走出契合自身制度特色、发展路径和社会期望的步伐与节拍。同时，在新冠疫情防控中政府的数字化实践表明，中国正在探寻一条既遵循数字时代普遍价值规律，又能满足人民对美好生活向往的独特发展道路。

第六章　数字政府建设的影响因素

第一节　建设数字政府的驱动因素

一、外部驱动因素

外部驱动因素多元且复杂，但主要可以归结为以下三个方面：

一是公众对高效、透明政府服务的期待。随着社会的发展和信息技术的进步，公众对政府服务的要求也在逐渐提高。他们期待政府能够提供更加便捷、高效、透明的服务，以满足日益增长的民生需求。数字政府建设正是回应这一期待的重要手段，通过数字化手段可以优化政府服务流程，提高政府服务效率和质量。

二是全球化和信息化的发展趋势。在全球化背景下，信息技术正以前所未有的速度改变着人们的生活方式和工作方式。政府必须适应这种变化，通过建设数字政府来更好地融入全球化进程，提升国家的整体竞争力。

三是政府治理现代化的需要。数字政府建设是政府治理现代化的重要组成部分。通过数字化手段，政府可以更加科学、精准地进行决策，提高政府治理的效率和公正性。同时，数字政府也有助于加强政府与公众之间的互动和沟通，提升政府的公信力和透明度。

综上所述，建设数字政府的外部驱动因素主要包括公众对高效、透明政府服务的期待，全球化和信息化的发展趋势，以及政府治理现代化的需要。这些因素共同推动了数字政府的建设和发展，为政府提供了更好地服务公众、提升治理水平的工具和平台。

二、内生动力因素

内生动力在于数字政府对政府治理现代化的重要推动作用。具体表现在以下三个方面：

一是有助于推动政府决策科学化。构建数字化政府体系，对于疏通信息获取通道、提高决策分析能力具有关键作用。在以往的决策模式中，信息不对称等难题屡见不鲜，这往往引发经验主义的误判，进而使政府制定的政策与实际情况脱节，难以反映民众的真实需求。然而，借助先进的大数据管理和分析技术，对数据进行即时收集、深入分析和科学预判。这不仅有助于精确、迅速且科学地制定公共政策，还能确保政府的各项工作更加契合现实需求，遵循客观规律。

二是有助于实现社会治理精准化。数字政府在社会治理智能化进程中扮演着引领者的角色。通过构建网络化、信息化、智能化的线上政务应用与服务平台，可以有效地促进政府部门的管理数据、公共服务机构的业务数据以及互联网数据的相互联通与共享。这不仅确保了政务信息的顺畅交流、统一调配与实时更新，还使系统治理、依法治理、综合治理及源头治理等策略的实施变得更为便捷且成效显著。

三是有利于公共服务更加高效化。提升政务服务效率是数字政府建设的核心目标。通过数字政府提供的线上公共服务平台，各类优质的公共服务能够安全、迅速且准确地触达公众，消除了传统的时空限制。这一变革有效地缩减了政府与公众之间的“信息鸿沟”，使社会各主体能够更便捷、更高效地获取所需服务。真正实现了数据的快速流通，减少了群众的奔波，为公共服务水平的提升和居民生活方式的改善奠定了坚实基础。

第二节　府际关系对数字政府建设的影响

府际关系通常指的是国内各级政府与政府部门之间的相互关系。它体现了行政机构间的法定关联，并展现了政府活动的动态过程。这种关系实际上是政治制度、行政体制和政策过程的综合表现。因此，府际关系对数字政府建设的影响必然是多元化和深层次的。

一、纵向政府间关系对数字政府建设的影响

我国的政府组织体系常被简化为“中央—省—市—县—乡”五级结构，其

中，市级层面占据重要地位。为便于深入分析，本书聚焦于市级政府。市级政府在数字政府建设中需向上贯彻中央和省级的战略意图，同时领导和管理其下辖的区、街道（乡镇）和社区（村）的数字化建设。从纵向关系来看，市级数字政府建设在受到省级总体布局影响的同时，也展现出一定的自主性，而受中央政府的直接影响则相对较小。中央提出的“数字中国”战略虽具有宏观指导意义，但其具体实施还需依赖各省、直辖市和自治区的执行。各省根据实际情况灵活推进，其中，浙江、广东、北京等地的数字化改革尤为积极。因此，市级数字政府建设在很大程度上受到省级政策的影响，需服从省整体规划。然而，市级政府也具备独特优势，在实际操作中展现出显著的自主性。

在市级政府与其下属各级政府组织的纵向关系中，市级政府对区级政府的数字政府建设具有显著影响，然而这种影响在街道和社区层面相对减弱。市辖区内的区级政府需遵循市级的规划与指令，因此，其数字政府建设深刻反映了市级领导层的设想。但在街道和社区层面，情况则更为多样化。城市拥有集中的“大脑”，街道配备数字驾驶舱，片区设有“中脑”，社区则有“小脑”，尽管这些层级在形式上似乎紧密相连，但实际上它们的协作关系相当松散。这种情况的形成源于多种因素的综合作用。例如，各街道和社区间的经济实力具有差异，导致它们在数字化转型中的投入和成效不同。另外，那些拥有互联网科技企业的区和街道，在数字化转型方面取得的进展明显优于其他地区。

综上所述，纵向的府际关系在数字政府建设中的影响，主要呈现出“下管一级”的特征。具体而言，市级政府在数字政府建设方面显著受到省级政府的引导，各区深受市级政策的影响。然而，当涉及更低层级的组织时，这种影响力就会相对减弱。

二、横向政府间关系对数字政府建设的影响

横向政府间关系通常指的是同级政府之间的相互作用。这种关系主要表现为竞争、合作与冲突三种形态，但国内学术界较少探讨冲突关系，更多聚焦于府际间的竞争与合作。

从府际竞争的角度来看，当前国内各地之所以争相掀起数字化浪潮，主要是府际竞争所致。

从府际合作的角度来看，互联互通是数字政府建设的核心要求。在数字化转型的初级阶段，各地方政府采取多样化的转型方式，并与不同的企业进行了合作，然而这也带来了一定的隐患。随着数字化的深入发展，地方政府需致力于消除“数据孤岛”，实现各数字平台的整合与共享。同时，根据党中央的指导思想，高质量、一体化将成为未来的重要方向。

因此，区域数字政府建设也应逐步实现互联互通，以提升公共服务能力，推动更多事项实现跨省“一网通办”。这一点在各地市级城市的数字化改革规划中得到了明确的体现。

三、部门关系对市级数字政府建设的影响

部门关系总体上可以分为两大类：一是同属于某一级政府的部门与部门之间的关系；二是实行垂直管理的部门与地方政府之间的条块关系。

同级政府内部各部门间的关系对数字政府建设的推进具有显著影响。在市级数字政府的建设中，民政局的作用尤为突出。研究结果显示，许多区、街道和社区的数字平台都是由民政系统积极推动建立的。特别是在新冠肺炎疫情期间，民政局为了满足疫情防控的需要，并更好地为市民提供服务，在数字化建设上投入了大量资源。这种投入虽然值得肯定，但客观上也可能引发与其他部门的竞争和兼容性问题。

条块关系始终是我国行政体制运作中的关键环节。那么，条条与块块之间应如何明确职责并进行有效配合呢？在推进数字政府建设的过程中，条块关系的处理同样对数字政府建设的整体性和协调性产生深远影响。相较于“块块”状的地方政府，实行垂直管理的“条条”部门在数字政府建设中面临的挑战要小得多。在垂直管理体系下，数字政府的建设通常表现为在特定系统内，构建一个贯穿中央至地方的数字平台，这样的建设及协调任务相对简单。即便中央部门未牵头搭建统一的数字平台，省级层面也有能力承担起类似平台的建设任务。

第三节　地方官员对数字政府建设的影响

地方官员在数字政府建设过程中扮演着重要的角色。他们的态度、决策和行动直接关系到数字政府建设的成败。以下将从四个方面详细阐述地方官员对数字政府建设的影响。

一、地方官员是数字政府建设的推动者和实施者

他们的数字技术认知、理解和应用能力，直接影响到数字政府建设的进度和质量。如果地方官员对数字技术有深入的了解和认识，能够积极拥抱新技术，那么他们就能够更好地引领和推动数字政府建设，提高政府服务效率和质量。

二、地方官员决策权对项目的方向和实施具有决定性的影响

他们需要根据本地区的实际情况和需求，制定出切实可行的数字政府建设规划和实施方案。同时，他们还需要对项目的进展进行实时的跟踪和监督，确保项目能够按照既定的计划和目标顺利进行。这些决策和管理工作都需要地方官员具备高度的责任感和专业素养。

三、地方官员对数字政府建设的协调作用是不可或缺的

数字政府建设涉及多个部门和单位的协作，需要地方官员进行有效的沟通和协调，以确保各项工作的顺利推进。如果地方官员能够充分发挥协调作用，促进各部门之间的合作与配合，那么数字政府建设的效率和质量将得到显著提升。

四、地方官员对数字政府建设的投入和支持是至关重要的

数字政府建设需要大量的资金、技术和人才支持，这些都需要地方官员给予充分的关注和支持。如果地方官员能够积极争取各级政府的支持和投入，为数字政府建设提供有力的保障，那么数字政府建设的步伐将更加稳健和有力。

综上所述，地方官员对数字政府建设具有深远的影响。随着数字化时代的不断发展变化以及民众对公共服务的需求日益多样化、个性化和高品质化，地方官员需要不断更新观念、提升能力以更好地适应新形势、新任务、新要求，并推动数字政府建设工作不断向前发展进步。

第七章 数字政府与智慧城市协同建设路径

随着国家政策的明确指引、地方投资步伐的加快，以及实践经验的不断累积，数字政府与智慧城市在建设主体、服务对象、平台应用开发以及运营模式等多个维度上展现出显著的共通性，这显示了两者融合建设的必然趋势。为了更有效地推进这一融合过程，必须加强基础设施、平台的集约化构建，以此促进业务的深度融合，从而全面推动数字政府与智慧城市的协同并进。

第一节 数字政府与智慧城市的建设背景

一、数字政府与智慧城市发展历程逐渐交叠

数字政府与智慧城市的发展历程逐渐交叠，这一趋势是信息技术发展、社会需求和政府治理理念转变等多重因素共同作用的结果。数字政府，即政府运用信息技术，来提高公共服务效率、增加透明度和参与度的一种新型政府形态。它的出现，是信息技术发展的产物，也是政府治理理念转变的体现。随着互联网技术的飞速发展，政府开始意识到信息技术在公共服务、政策制定、社会管理等领域的巨大潜力，于是开始大力推行数字政府建设。而智慧城市，则是指运用先进的信息技术，对城市进行智能化管理，提高城市运行效率和生活品质的一种新型城市形态。智慧城市的概念涵盖了城市规划、交通管理、环境保护、公共安全等多个领域，是信息技术与城市发展深度融合的产物。

数字政府与智慧城市的发展历程逐渐交叠，主要体现在以下几个方面：

一是两者都依赖于信息技术的支持。无论是数字政府还是智慧城市，都离不开云计算、大数据、物联网等新一代信息技术的支撑。这些技术的广泛应用，使

数字政府和智慧城市在建设和发展过程中有了更多的交集。二是两者的发展目标高度契合。数字政府和智慧城市都致力于提高公共服务效率、优化社会管理、促进经济社会发展。在实现这些目标的过程中，两者相互促进、相互补充，形成了紧密的发展联动。三是两者的建设内容相互渗透。数字政府的建设不仅包括政务信息化、公共服务平台等内容，还涉及城市规划、交通管理等领域。而智慧城市的建设也同样需要政府部门的支持和配合，特别是在数据采集、信息共享等方面。

综上所述，数字政府与智慧城市的发展历程逐渐交叠，是信息技术发展、社会需求和政府治理理念转变等多重因素共同作用的结果。这种交叠不仅有助于提升政府服务效率和城市管理水平，还将为市民带来更加便捷、高效的生活体验。未来，随着技术的不断进步和社会需求的不断变化，数字政府与智慧城市的发展将更加紧密地融合在一起，共同推动城市的可持续发展。

二、我国数字政府和智慧城市建设现状

我国数字政府和智慧城市的建设在近年来取得了显著进展，呈现出蓬勃发展的态势。

在数字政府建设方面，我国各级政府积极拥抱互联网和新一代信息技术，推动政府数字化转型。通过云计算、大数据等技术手段，政府实现了数据资源的整合和共享，提高了政务服务的效率和便捷性。数字政府的建设不仅提升了政府治理能力，还增强了政府与民众之间的互动和沟通。目前，多地政府已经建立了政务服务平台，实现了政务服务“一网通办”，大大简化了办事流程，方便了群众和企业。

智慧城市建设在我国如火如荼地展开。智慧城市通过运用物联网、人工智能等技术，实现城市管理的智能化和精细化。例如，通过智能交通系统，能够实时监控路况，优化交通流量，减少拥堵现象；智能安防系统则能够提升城市的安全防范能力，保障市民的生命财产安全。此外，智慧城市还在环保、医疗、教育等领域发挥了重要作用，提升了城市的整体运行效率和居民的生活质量。

值得注意的是，我国数字政府和智慧城市的建设并非一帆风顺。在推进过程中，需要克服技术、资金、人才等多方面的不足。同时，还需要关注数据安全、隐私保护等问题，确保信息技术被合理使用，避免侵犯公民的合法权益。

总体来说，我国数字政府和智慧城市的建设已经取得了积极成果，但仍需持续努力，不断完善和提升。通过加强顶层设计、优化资源配置、强化人才培养等措施，可以进一步推动数字政府和智慧城市建设的深度融合，为人民群众提供更加便捷、高效、智能的公共服务。

第二节 数字政府与智慧城市的关系

数字政府与智慧城市的建设目标，均旨在实现数据的互通与共享，推动部门间的紧密合作以及多元主体的协同治理。其中，打破城市内各部门之间的信息壁垒成为工作的重中之重，以此推进各机构和系统的信息平台数据实现深度整合。数字政府与智慧城市这两者之间都涵盖了“深入洞察”“广泛连接”“综合应用”的特质。数字政府主要着眼于政府对全社会的智能化治理，而智慧城市则更侧重于关键城市系统的智能化运作。因此，在建设主体、平台建设、应用场景、运营管理模式上，两者各有侧重点。

一、建设主体的趋同性与服务对象的多元融合

数字政府的建设通常由政府牵头推进，而智慧城市的建设模式则更为灵活。数字政府主要从政府的视角出发，致力于构建多元化的互动机制。它侧重于建立高效的管理体系、便捷普惠的服务体系以及数据治理的共享体系，旨在提升政府管理和服务的数字化、智能化水平。相对而言，智慧城市的建设则更加注重城市运行的全流程优化。它以数字化为驱动力，推动企业生产方式的革新、居民生活方式的改善以及社会经济模式的转型。通过“城市大脑+公共数据平台体系”，智慧城市能够汇聚并共享社会各领域的公共数据，为城市的各种应用场景提供数据支持。

二、平台建设的高复用性与共通性

数字政府的核心目标在于促进政务数据的共享与流通，以及消除时空障碍，实现政府事务的高效协同处理。而智慧城市则更侧重于确保城市的高质量发展与顺畅运行，通过科学、系统、智能化的方法，精准应对城市运营中的难题和挑战。因此，在平台构建方面，两者各有其独特的关注点。

数字政府建设大多围绕“一网通办”“一网统管”“一网协同”3个核心系统展开，在核心的政务服务和社会治理领域展开工作。智慧城市则由统一的城市运营管理中心和技术支撑平台提供“中枢大脑”支持，形成“城市基础设施—大数据资源中心—中枢大脑”三位一体的基础支撑架构。

二者在平台体系建设中均遵循数据系统建设模式，通过对基础资源层和业务应用层进行半封闭式解耦，实现资源设施的集约化和业务设计的差异化。从系统

和平台架构角度来看，二者具有复用性高、共通性强等特点，可通过流程再造、架构重塑、业务合并、业务目标统一等方式推进二者协同发展。

三、应用场景的多样化与建设单元的统一性

数字政府和智慧城市在应用场景上均集中于政务服务、产业发展、社会治理、城市管理和民生服务等领域。按照公共服务提供者的政权机构层级，构建从社区（村庄）到街道（乡镇），再到区、市、省（自治区、直辖市）的建设单元。然而，两者在实施重点上存在差异。智慧城市主要从“城市系统”的角度出发，致力于构建城市智慧化体系，该体系涵盖了多样化的城市级应用，并围绕城管、应急、教育、医疗、文旅、生态等核心业务，形成多个中心业务系统。相比之下，数字政府则更注重传统政务的信息化革新，以政府为主体进行扩展，借助人工智能和大数据技术，实现跨层级、跨地域、跨系统、跨部门的高效业务流程整合，从而降低数据传递和信息交流的成本，提高政府内部的运行效率。

四、高效创新的运营管理模式是可持续发展的关键

数字政府和智慧城市在运营模式上有所不同。现阶段，多地都在积极鼓励社会资本进入智慧城市的建设与运营中，投融资模式多样化。智慧城市注重市场化运营方式，特别是对公共数据和政务数据的授权运营，它利用数据开放和数据交易平台等媒介，实现数据要素的增值运营。由于智慧城市相关业务具有较强的产业属性，因此已经形成由投资机构、咨询机构、ICT 厂商及互联网企业等共同构成的完整产业链条。同时，地方政府也在尝试通过项目换取产业的方式，来推动数字经济的发展。相比之下，数字政府的建设多采取“政府主导、财政出资”的模式，其常见的运营模式为“政企合作、管运分离”。其中，政府数据管理部门负责全面规划各部门的系统建设工作，组织并协调数据资源的收集、整合、归集、应用以及共享开放等。在政府的支持和委托下，专门设立的数据运营机构则承担政府数据的运营工作，并为政务数据的创新应用提供有力支撑。

第三节　数字政府与智慧城市融合建设重点

一、整体架构

基于数字政府与智慧城市的关联分析，本书从基础设施融合、数据融合、平

台融合和业务融合的角度提出数字政府与智慧城市协同建设“八横四纵”整体架构（见图7-1），包括基础设施、数据资源、共性支撑、业务协同、数字资源管理、智慧应用、大脑和门户在内的“八横”体系，以及安全保障、组织保障、标准规范、运营管理“四纵”体系。

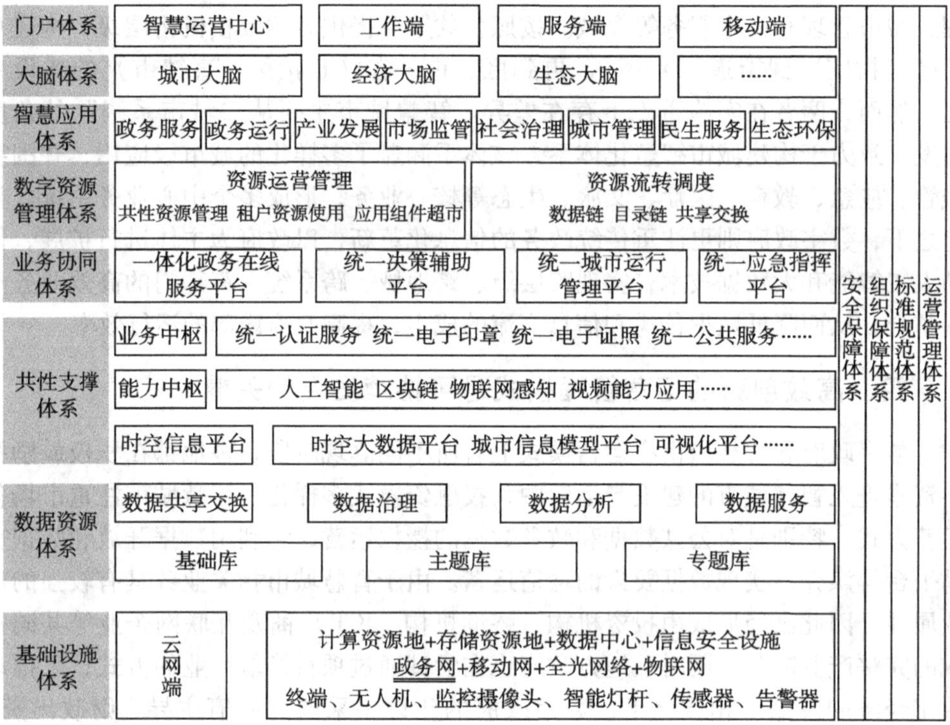

图7-1　数字政府与智慧城市协同建设整体架构

具体而言，构建“云网端”一体化的基础设施体系，以便为政府履行其职能和城市运营服务提供统一的支撑平台。整合政府和企业的数据资源，形成统一的数据资源体系，为多主体、多应用提供数据共享交换、数据治理、数据分析、数据开放等全方位的数据资源服务。此外，应建立共性支撑体系，为各项业务提供统一的技术支持、时空底座和通用性能力支持，通过模块化和工具化的方式，使上层业务能够更方便地协同调用数据。业务协同体系是实现政府内部以及政府与社会、政府与市场协同治理的关键平台枢纽。对包括数据、应用、组件、指标等在内的数字资源进行动态管理，为资源的调用提供统一的运营服务平台。进一步构建涵盖各类综合性场景的智慧应用体系，以及提供支撑智慧化决策、控制和服务的“大脑”体系，形成统一入口、服务集成、多端服务的门户体系，以全方位地服务于政府的运行、民生的改善、社会的治理和经济的发展。

二、构建绿色安全、集约高效的基础设施体系

目前，国家和省级层面都在着重强调数字基础设施的集约化与统筹化建设。然而，各地数字政府与智慧城市的基础设施建设已经历经多年，这一过程中暴露出不少问题，如设施迅速折旧、建设水平参差不齐，以及安全风险较高等。一是应当综合考虑未来政府运作、城市管理和产业经济发展的需求。需要根据地方实际情况，有计划地推进数字基础设施的规划建设，并强化5G基站、物联网感知终端等公共设施的共享使用。同时，采用多云管理的方式对现有云资源进行有效管理，进一步开放政府机关、公共场所、商业楼宇等现有的数字基础设施资源。二是必须着重确保设施的安全可靠。面对多样化的智能终端安全威胁、异构网络安全问题以及数据安全挑战，需加快硬件、软件及应用的国产化替代进程。同时，探索利用区块链技术的新型数据加密方法，从而全面提高从采集到应用整个流程数据的安全性。三是应以绿色低碳为指引，积极研究和应用绿色低碳技术。通过云网边协同、虚拟化技术、资源共建共享等，降低数据中心、5G基站等新型基础设施的能耗，以推动数字政府和智慧城市实现低碳目标。

三、横纵贯通数据通道，夯实“三融五跨”基础

智慧城市与数字政府的核心要素在于数据。当前，政府掌控着大约80%的社会经济运行数据。为了提升政府、企业和民众之间的高效互动，必须打破数据壁垒，构建一个融合企业、民众等多方数据资源的数据平台。《全国一体化政务大数据体系建设指南》提出了构建全国一体化政务大数据体系。按照这一指南，省级政务数据平台和国务院部门政务数据平台都需要与国家平台进行对接，并根据实际需求接入机构数据、公共数据以及社会数据。

因此，需要从以下两个方面着手：一是促进数据的汇聚与融合，强化国家、省、市、县四级业务系统的数据共享与交换，加强同级政府部门之间的数据交流。此外，应探索政务数据与社会数据的融合创新，以实现两类数据的互联互通，并通过数据开放吸引社会各方参与应用创新。二是必须加强基层数据资源的共享与整合。目前，各地和部门在数据共享开放及基层数据回流方面存在问题，影响基层治理场景下的数据可用性。为解决这一问题，应以社区安全防范和辖区网格化管理为切入点，通过业务建模来驱动数据联动，从而促进基层政府与垂直部门之间的数据共享与融合。同时，还应加强数据分析模型的共建与共享，提升基层对数据的精准运用能力。

四、提升共性支撑，加强业务协同

为满足智慧城市和数字政府的多元化业务需求，并解决政务系统功能重叠、应用建设分散以及跨部门协同难的问题，需要积累和提炼共性的数据与技术能力。这要求从省市级层面出发，全面整理和分析业务需求与场景，将通用性和功能性的资源进行有效整合与封装，从而构建出标准化、模块化的业务支持体系，便于快速响应和调用。通过这样的方式，能够在城市治理、政务服务、产业升级等关键领域实现数据与技术的复用与整合，进而推动政府内外部的业务创新。同时，这也将降低市县两级自建系统的成本，减少重复建设，从而全面提升政府的协同作战能力、主动响应速度和精准服务水平。当前，许多地方都在积极推进“一网统管”“一网通办”和“一网协同”的建设。为了进一步推动这“三网”的融合，需要从数据共享和共性技术支撑的角度，实现跨部门的数据融合与分析，综合运用大数据、人工智能、区块链等先进技术，以推动不同场景的融合与建设。

五、一体化管理数字资源，全面推进应用系统建设

目前，在数字政府和智慧城市的建设过程中，各地各部门普遍面临着数字资源分散，数字基础设施及应用建设水平参差不齐、重复建设等共性问题。

首先，构建一体化的数字资源管理体系，动态掌握数字资源详细情况，对各级各部门的信息化基础设施、业务数据、应用系统等数字资源进行全面清查和了解。进而建立起包含云网基础设施、算力、项目、数据、组件、指标、模型、应用等内容的数字资源体系“总账本”，通过项目管理的方式对未来开发建设的应用系统进行监督和管理，从而实现各地各部门优质数字资源的高效共享和利用，打破部门和层级的限制。

其次，通过统一的数字资源管理体系，提供可复用的产品和定制化的服务，这是有效调动全省资源、为市县提供集约化支撑的重要手段，可实现“一地创新、多地复用”的目标。同时，这个体系也可以作为政企对接的平台。政府可以通过这个平台为各类企业（特别是中小微企业）的优秀产品提供资源复用渠道，从而形成政企合作、共同发展的良好态势。

六、加速智慧化应用建设，提升基层智慧水平

当下，智慧城市与数字政府的建设均秉持“以人为本”的理念。智慧城市致力于化解城市化进程与民众利益诉求之间的冲突，旨在提高企业生产效率并改善市民的生活体验。数字政府也在积极推进智慧化平台及应用的构建，以优化商

业环境、监测经济运行以及提供产业与金融融合服务，从而提升公共服务效率和社会治理效果，使人民群众更加真切地感受到政府的能力。未来，智慧城市和数字政府的服务与管理需进一步向基层扩展，通过顶层设计、基础设施建设以及治理标准体系的完善来打破层级壁垒，推动横纵联动的治理体系深入基层。

智慧社区建设对于提高基层治理效能至关重要，这需要全面融合多个部门的基层接入点，以此为基础，打造一个集网格化管理、精准化服务以及信息化支持于一体的基层治理平台。平台将显著增强基层在感知、干预和资源配置等方面的综合能力。浙江省已率先开展“三化九场景”未来社区建设的深入探索，将此作为推进共同富裕和现代化的基础单元。这一举措不仅是从数字化角度强化基层社区的能力，更是对政府、市场和个人之间多元关系的重新构建，从而实现共同富裕与数字化改革的相互促进和赋能。

第四节 数字政府与智慧城市协同发展建议

一、顶层规划与基层创新相结合

在数字政府和智慧城市建设过程中，省级和市级政府主要负责制定适合本省的数字政府战略规划及顶层设计，进而形成具体的建设指导和落地方案。然而，市县级政府作为各业务和流程系统建设的实际承载者，需要在公共基础平台上搭建创新应用并实现业务闭环。在实际的数字政府建设进程中，自上而下的建设路径占据主导地位。这种路径的优势在于能够实现全省集约化建设，但其劣势也显而易见，即基层部门难以根据自身的业务需求进行创新。为了解决这一问题，省级政府需要从制度赋权、技术赋能和机制创新等多个方面对市县建设进行引导，包括建立多部门协同推进和考核评价机制、统一建设标准和框架、构建市县可复用的共性能力平台、集成应用并提供统一入口等。市县级政府应结合本地的资源和需求，打造具有地方特色的应用，并在省内进行复制推广。智慧城市建设通过发布城市场景清单和城市机会清单等方式，更好地把握区县建设的需求，促进项目、场景和技术等供需之间的精准对接和高效匹配，从而为企业提供创新机遇。

二、构建数字政府与智慧城市融合的创新体系

数字政府与智慧城市建设在内容和运营模式上有相似之处，应通过两者的融合建设构建开放式创新体系。一是通过有序地开放公共数据和技术能力的共享，

来推动政企之间的数据双向流通。需要按照不同的级别和类别来开放政府数据，以此推动数据的资产化和价值化，从而激发市场中多元主体的创新活力。这一生态系统的建立，不仅依赖于多元共治体系的包容性，也取决于数字资源的开放性。因此，需要增强各种解决方案、数字技术以及基础设施资源的共享性。二是利用智慧园区来吸引和接纳先进的数字企业入驻，并通过本地平台、公司引进领先的数字化企业。这样不仅形成本地化、专业化的智慧城市与数字政府运营环境，还能推动产业的发展。通过这种方式，进一步推动本地数字产业的创新发展，培育出数字产业的新业态和经济增长点，从而形成一个可持续的产业经济良性循环。

三、加强数字政府与智慧城市协同建设评估

标准体系和评价指标的构建是推动数字政府与智慧城市融合发展的关键举措，也是促进信息资源集约化、数字服务设施共享化的基石。从多个维度进行考量，包括支撑技术与平台的协同、基础设施的协同、业务系统的协同、数据体系的协同、体制机制的协同。此外，可以从数据全生命周期的角度出发，构建完备的标准化体系和评价指标体系。在数字政府和智慧城市的协同建设中，积极探索一体化运作模式，以推动资源的有效整合和优势互补，进而逐步形成协同建设的模式方法，并制定出广域通用的标准。

四、构建信息安全与公共安全的大安全体系

在数字政府和智慧城市的建设过程中，业务安全、数据安全以及运营安全构成了安全建设的核心要素。为了确保网络和数字经济、数字化市场的安全，以及保障治理者和使用者的安全，建立健全防范体系显得尤为重要。这一体系应包括完备的防范、监管、通报、响应和处理机制，这也是融合建设中的首要任务。为了落实数字政府各参与主体的责任，应面向所有参与建设的主体，特别是技术服务提供商，构建全省、市统一的安全标准。同时，可以引入第三方评估机构进行验收和考核，以确保融合建设的科学性、公正性和先进性。除了确保融合建设主体系统的安全外，还必须重视数字时代参与主体的隐私和安全。数字环境下的民主保障、数字化市场和知识产权保护是促进数据交换共享及数据资源二次开发的重要前提，也是提升政府治理能力和数字竞争力的有效保障。

第八章　新时代数字政府标准体系建设

新时代数字政府标准体系建设是一个复杂而系统的工程，它涉及多个方面，包括政府数字化履职能力、安全保障、制度规则、数据资源和平台支撑等。这些方面共同构成了数字政府体系的基本框架，为政府的数字化转型提供了全面的支持。

新时代数字政府标准体系建设将围绕标准化、技术应用、数据共享、安全与隐私保护、平台化与集约化以及持续创新与迭代等方面展开。这将有助于推动数字政府高效运作和提供优质服务，满足人民日益增长的美好生活需要。

第一节　数字政府标准体系建设现状及问题分析

为了推动电子政务的发展，我国出台了《国家电子政务标准体系建设指南》等重要文件，这些文件为我国电子政务的发展提供了有力的支撑。在全国标准信息公共服务平台进行模糊检索可以发现，与数字政府建设密切相关的国家及行业标准多达758项。这些标准大致可以分为基础规范、支撑能力、系统建设、典型应用以及绩效评价五大类别。然而，就当前的发展形势而言，数字政府标准体系建设仍然面临以下三个方面的挑战：

一是尚未形成体系化合力。现有的标准往往是由各个主管部门独立制定的，这导致标准之间的重复和技术上的交叉。国家标准没有充分发挥其在引领行业标准、地方标准以及团体标准制定方面的作用。这种情况阻碍了标准体系的整体效能和协调发展。

二是标准难以适应技术的快速发展。当前实施的数字政府标准已与社会经济的进步和新一代信息通信技术发展不相匹配，其指标规定显得陈旧，甚至在某些技术领域存在规定空白，因此迫切需要进行修订与更新。

三是开放性不足导致标准难以适应数字政府建设与应用需求。现存的通用标准数量有限，且主要关注辅助行业主管部门的行政管理任务。这些标准难以支持政务服务“一网通办”、社会治理“一网统管”以及政府运行“一网协同”等流程的重构。因此，需要制定更加全面、更具有公益性的通用标准，推动政府服务的现代化和高效化。

第二节　构建新时代数字政府建设标准体系的思路与设想

标准化工作的推进速度需与数字政府的建设步伐保持一致。为实现这一目标，应着重关注并解决数字政府建设过程中的关键问题。同时，紧密结合数字政府的发展趋势，积极推进数字政府标准体系的构建。通过标准化工作，期望能推动社会经济、民众生活以及政府治理等各个领域进行全面而系统的变革。

第三节　设计原则

一是系统统筹，一体推进。通过运用系统性思维，妥善处理各个组成部分与系统整体、所有权与使用权、纵向管理与横向协作之间的复杂关系。同时，需要加强标准体系的顶层设计和系统构建，以形成一个纵向连贯、横向联动的标准化框架，从而建立一个统一管理、分工明确、多元参与、协同推进的工作模式。

二是需求牵引，有序推进。针对数字政府建设中的关键问题，特别是那些对群众、企业和基层影响较大的高频事项，加速推出一系列标准。坚持“成熟一批、制定一批”的原则，不断完善数字化标准体系。

三是迭代提升，注重实效。需要妥善平衡标准的存量与增量、整体与部分之间的关系。高度重视标准的制定质量和推广实施效果，强化试点探索和示范带动作用。过程中不断迭代、深化和优化标准，完善工作推进、技术支撑和安全保障机制，从而提升标准化建设的实际效果。

第四节　总体框架

数字政府标准体系的构建应遵循“政府引领、社会共建、协作推进”的原则，通过国家标准、行业标准、地方标准、团体标准以及企业标准的协同与配合，结合数据、模型、图示、优秀实践和典型案例等多种形式的补充，共同构建一个层次分明、规范统一、灵活开放的数字政府标准体系。

第五节　设计方案

一、研制通用的基础规范标准

厘清数字政府的概念、边界以及本质内涵，研制数字政府相关的术语、定义、分类代码、数据统计等标准，解决数字政府建设过程中因业务梳理、需求分析、流程再造、系统重塑而产生的专用词语概念破解不统一、不规范等问题。

二、研制满足全局发展的支撑标准

一方面，集中研制并实施一系列支持整体发展的数据处理标准，这些标准应涵盖数据的采集、存储、处理、使用、流通、交易与交换以及共享等各个环节。通过这些标准的综合研制与实施，构建一个完善的数据底座标准体系。该体系不仅能满足政务服务“一网通办”、社会治理“一网统管”和政府运行“一网协同”的流程重塑需求，还能有效推动经济、生活和治理的数字化转型升级。

另一方面，要研制人口、法人、信用、电子证照、自然资源和空间地理等基础数据库，年鉴、地情、投资、能源、交通、旅游等主题库，社会治理、政务服务、营商环境等方面的政务知识库，具有数据集成能力和运用能力的数据资源管理库，以及各类专题库所需的标准规范，打好数字政府信息化基础。

三、研制以协同为核心的系统平台建设标准

一是要研制数字政府建设指南、系统建设指南、应用建设指南、安全建设指南等相关标准。二是要聚焦一体化应用支撑系统、数字资源管理系统、知识资源

服务平台、公共数据资源开放平台、政务数据交换平台、综合应用支撑平台等建设，研制系统平台建设标准，解决一致性问题。三是要围绕数字基础设施的关键技术和深度应用需求，研制各类资源标识、基础设施智慧化改造、基础设施等的标准，为数字政府建设过程中涉及的端、边、云、网、链等基础设施融合发展提供标准依据和技术支撑。

四、研制促进经济发展的应用标准

研制数字政府在不同应用场景下的协同与集成标准，这些标准旨在解决跨层级、跨领域及跨系统的业务协同、数据共享与集成等关键问题，从而推动政务服务实现“一网通办”、社会治理达到“一网统管”、政府运行实现“一网协同”的目标，进而重新构建服务模式与流程。

五、研制以“以评促优”的绩效评价标准

一方面，需要研制适用于各个领域的评价指标、评价方法及评价改进标准，以提供数字政府标准化评价依据。另一方面，应着重关注数字政府建设所涉及的技术、产品及系统平台，并制定相关的检验检测标准或测试方案，以确保其质量与效能。

第六节　推进标准化工作的策略与建议

根据《中华人民共和国国民经济和社会发展第十四个五年规划和 2035 年远景目标纲要》《国务院关于加强数字政府建设的指导意见》等文件的重点工作安排，按照统一规划、分步实施、先急后缓、兼顾重点的思路，优先制定亟须标准和基础性标准，并做好以下三方面的工作：

一是整合资源，统一标准。一方面，在标准制定过程中，应防范同类标准重复研发和技术交叉等不一致性问题。同时，需运用系统性思维，整合政府现有的信息系统，并提升各数字政府建设主体的标准化意识。另一方面，在数字政府的建设过程中，必须坚守“采标一致”的原则，以防止信息系统建设出现不规范的情况。

二是需求导向，急用先行。要紧跟云计算、大数据、物联网、人工智能、区块链等新一代信息技术的发展潮流，利用这些新兴技术引领数字标准体系各层级标准的研制工作。同时，要集中精力关注数字政府的通用和关键领域，优先制定

并实施一批标准规范，以满足当前的迫切需求。

三是注重实效，加强评估。一方面，需要精心设计数字政府标准体系的顶层架构，并制定出一套科学的指标体系来衡量数字政府标准的应用和实施效果。另一方面，必须定期开展标准化的推进工作，构建标准实施效果评估机制，以便及时发现并改进推进缓慢或与实际存在偏差的标准。

第九章　政府数字化转型的合理性论证与具体实施

政府数字化转型对于提升服务效率、增强政府透明度具有重要意义。其合理性在于，数字化能够打破时间和空间的限制，使公众随时随地通过互联网办理业务，极大地提高了办事的便捷性。同时，数字化转型能增加政府决策的透明度，加强与公众的沟通和互动，从而提升政府的公信力。具体实施方面，政府需完善信息化基础设施建设，保障数据的安全与稳定。此外，提升公务员的信息技术能力也至关重要，以确保他们能够有效运用数字化工具为公众服务。在转型过程中，政府还须特别关注数据保护和隐私安全，制定严格的数据管理措施，防止信息被泄露和滥用。

因此，应立足“数字信息共享技术驱动、数字信息共享平台建构、数字信息共享协同运作、数字信息共享技术创新”四个层面，整体阐释政府数字化转型的合理性论证与具体实施。

第一节　数字信息共享技术驱动：政府数字化转型的内在逻辑

一、数字化转型：信息共享技术革新政府运作

“正如数字技术深刻影响美国商业发展一样，数字技术将深刻影响政府的组织架构和运作方式。”数字信息共享技术的普遍运用和“数字社会”的形成推进了“权力由国家顶层维度向数字转移并弱化了政府原有的强制性社会管理”。尤其是人工智能技术深化了“数字社会”，也对政府数字化转型提出了新要求。诚如一些西方学者所认为的，“数字社会”场域中的“现实与虚拟”社会的复合叠

加，为政府在“现实社会与虚拟社会”“政府与公众”“政府不同职能部门”之间实现信息的实时共享，及为政府治理方式的整体革新提供了新的路径选择。政府数字化转型，其本质在于以数字信息共享技术为基石，推动政府治理理念的创新。通过管理服务与数字信息共享技术的深度融合，构建出联通共享的信息化组织架构，并实现与实体政府的实时互动和无缝对接。

政府数字化转型不仅包含了诸如“两端线上服务”和“一站通办”等便捷服务方式，更涉及以数字化为特征的服务网络传递、数字化办公等新型运作模式的创新。我国自20世纪末启动“政府上网”战略以来，取得了显著成果。据数据显示，截至2021年11月底，全国已有19个省份和19个重点城市的数据开放平台投入运行。其中，19个省级平台共计开放了19万个数据集、8万多个数据接口，以及超过67亿条数据量，显示出数据规模的不断扩大。目前，物联网、云计算、大数据等技术的不断进步，为政府数字化转型提供了持续动力，推动了“政务服务+互联网”的深入发展。据统计，截至2019年11月，省、区、市政务网的覆盖率已分别达到100%、100%和96.1%，这一成就为中国政府数字化转型奠定了坚实基础。

二、共享型治理：价值与技术融合

共享型治理的效能高度依赖于数字信息共享技术的进步。这种治理模式体现了政府数字化转型的终极目标，并在政府层面上实现了“价值理性与工具理性”的和谐结合。传统的运作模式与当下错综复杂的政务之间的矛盾日益显现。这迫使政府必须抓住数字化转型的机遇，摆脱传统管理的“碎片化”状况，通过共享型治理强化跨部门、跨层级、跨领域的协作共享能力，推动政府治理从“孤立”向“共享”、从“分散”向“整合”转变，构建出一个整体、共享且无缝的治理体系。因此，共享型治理已然成为21世纪政府变革的主旋律，而政府数字化转型正是实现这一治理模式的途径。英国学者邓利维是数字治理研究领域的领军人物，他从技术、组织和权威三个维度出发，提出政府数字化转型应涵盖资源整合、组织重构和以数字信息共享技术为基础三个核心要素，这与共享型治理的核心理念不谋而合。希克斯强调：“共享型治理是解决治理碎片化问题的关键所在，它通过跨部门组织的跨域共享与资源的高效整合，促使不同部门为了共同的目标而共享信息，从而重塑并超越传统的治理观念。”政府数字化转型不仅从技术角度回应了共享型治理的新需求，更展现了信息化时代政府数字化转型的内在使命和价值追求，实现了“价值理性与工具理性”的完美融合。

20世纪90年代以来，共享型治理在西方国家的政府数字化转型实践中得以集中体现。1997年，英国政府在推进数字化转型时，着重强调了共享型目标，利用信息共享技术来化解政府组织间的冲突。2000 年，英国发布了《21 世纪数字政府服务》，旨在通过数字政务服务为广大民众提供统一且精准的服务，并设定了在 2010 年成为数字政府建设全球标杆的目标。两年后，英国全面推出了《数字政府规划》，从而成为全球数字化建设的领跑者。此后，美国、日本等国也迅速跟进实施数字政府战略。澳大利亚则通过数字信息共享技术，实现了跨部门和单位的数据信息收集与整合，形成了一套高效的治理方法。通过无缝对接多部门，提供便捷且高质量的服务，打造数字信息供应链，确保服务的有效供给。目前，我国政府也在积极探索“一站式通办”“智慧城市”“线上审批”等模式，利用数字信息共享技术和信息挖掘、分析能力，精准把握群众的多样化需求，以简化政务服务流程，促进跨区域信息共享，从而更好地为人民服务。在“数字社会”的背景下，政府的角色正逐渐从“权威管理者”转变为“信息共享者”。随着各地政府数字化转型战略的逐步推进，数字化转型在优化政府组织、运作机制和技术创新方面的作用日益显现。同时，以共享型治理理念为驱动，政府服务效能和职能优化也得到了显著提升。

第二节　数字信息共享平台建构：政府数字化转型的组织载体

数字信息共享技术的有效运用，受到政府管理方式、组织结构以及技术创新能力的深刻影响。技术与治理如何更深度地融合，已成为政府数字化转型的核心问题，这一问题贯穿于政府追求共享型治理的始终。同时，由此引发的政府多维业务流程再造的趋势，也对传统的政府组织形态提出了挑战。

一、数字信息共享平台的载体作用

数字信息共享技术打破了信息传递在传统体制中的多重限制，如时空界限、主体身份及职责边界，它通过数字化与可视化的先进手段，实现迅速、高效且全面的信息交流。在此技术推动下，每个个体都能轻松地将各类信息共享给他人，并且人们也愿意主动分享这些信息给需要的人。此技术的广泛应用，促进政府、社会以及不同部门之间的信息流通，加强了各方的协同合作，从而显著提升了政府的综合服务能力。长期以来，受制于政府“权、职、责”的条块分割，内部运作具有“碎片化”特点。尽管在相同层级的政府部门间已实现信息资源的整合，但仍难以消除由垂直和专属管理所引发的管理分割难题。这使跨层级、领域和部门的信息共享变得异常困难，成为政府治理中的一大“瓶颈”。在政府数字化转型中，数字信息共享平台的建立有效地打破了部门间的壁垒。该平台能够将原本孤立的“点、条、块”数据全面整合，形成统一的数据库和数据池。通过信息的持续更新、精准挖掘和全面利用，政府能够获取更全面的信息，从而提升决策的科学性和实现资源的优化分配。基于此，借助数字信息共享技术，信息得以在不同的平台和系统间自由流通。这使政府的治理方式发生了深刻的转变，从局部视角扩展到全局视角，从部门化管理转变为网络化和扁平化管理，从静态管理转变为动态管理。这种转变为政务服务在缩短时间、简化流程和环节方面提供了有效的解决方案，充分展现了政府数字化转型所带来的便捷和高效的特点。

二、数字信息共享平台的运作逻辑

从操作逻辑的角度来看，数字信息共享平台体现了信息化流程的再造，这是数字共享的一个重要特征。政府数字化转型以这一平台为基石，颠覆了传统的“内部信息”和“专属信息”的运作模式，实现了信息跨部门、层级和空间的自由流通。这一变革不仅重塑了信息服务和聚合的流程，也促进了政府各层级和部门之间的共享与协同，从而为高效、便捷的政务服务以及政府与公众之间的互动创造了条件。大量实例证明，数字信息共享平台不仅推动了政府信息共享的流程再造，更大幅提升了服务效率和公众满意度。以英国为例，其在“数字政府即平台”方面的实践成果显著。在《数字政府规划》的基础上，英国进一步制定了《政府转型战略（2017—2020）》。通过构建数字信息共享的载体，政府的数字化水平得以提升，为公民提供了“不见面”的全流程信息服务，使服务变得更加便捷高效。这一转型打破了组织壁垒，重塑了权力运行方式，实现了跨部门、跨领域、跨业务的全面变革。在中国，数字信息共享平台的建设也取得了显著成效。例如，2017 年浙江省通过该平台实施了“掌上执法”“互联网+监管”等一系列措施，极大地简化了群众的网上办事流程。截至 2019 年底，浙江省通过数字信息共享平台实现了全省适宜网上办理的事项 100%开通“网上办”，并推出了“浙里办”掌上办事服务，为群众和企业提供了 290 余项便民服务。通过数据共享，全省有 224 项民生事项实现了“一证通办”。数字信息共享平台的运行大大提高了政府信息的聚合度，推动了平台的整体升级和创新发展。

第三节 数字信息共享协同运作：政府数字化转型的机制建构

政府数字化转型与“数字社会”的发展趋势相契合，进而构建出一种新型的共享协同运作的政府模式。共享型政府的倡导者认为，政府必须打破各部门间的隔阂，应通过政策规范促进各部门间的信息共享、协作与顺畅沟通。这一转型过程更加注重整体政府的构建，致力于解决“碎片化”运行的问题，以提升共享治理的实际效果。通过以“需求导向”和“信息服务流程再造”为驱动力，政府数字化转型推动了政府使命关系的重新定位和组织结构的创新，从而形成共享型协同运作的新模式。

一、构建基于数字信息共享的线上协同机制

数字信息共享技术以数字化为基础，构建了不同部门间的实时协作与“线上联结”机制，这已成为公共部门进行信息整合的新常态，并得到广泛推广。借助“互联网+”的数字信息共享技术，线上协同以数字信息服务为基石，形成了各部门间的线上协同工作制度。这一制度在保持职能分工的基础上，融入数字信息共享技术，通过部门数字信息的线上交融与流通，达成跨部门的深度协同，进而推动整体升级与业务流程重塑。这不仅打破了传统部门间的信息壁垒，还从全局上减少了部门间的线下协调成本，同时通过线上深度协同与信息的高效流通，降低了政府管理的“碎片化”风险，改革了传统部门的协作和交流方式，为以共享和协同为核心的业务流程再造奠定了坚实基础。

二、构建基于信息共享的业务流程，再造跨部门协同机制

数字信息共享技术的持续进步，在以提升公众满意度和增强政府服务能力为目标的基础上，推动了服务流程的优化与重塑。该技术为跨部门协同合作提供了有力的支撑，进而实现了业务流程的高效整合与精简。数字信息共享平台构建与发展的核心目标是实现信息的自由流通，致力于确立信息共享的整体性操作规范。该平台聚焦于在现有的部门框架内进行最广范围、最深层次的业务整合与协同，依据流程来推动跨领域、跨层级、跨部门的扁平化业务合作，从而促进政府部门的组织改革与流程重建。然而，深受机构设置、制度框架以及组织文化等因素的掣肘，数字政府建设与数字信息共享技术发展的融合统一仍旧任重而道远。

除搭建数字信息共享平台之外，还应从相应的运作机制、组织架构、信息存储系统等层面进行系统升级，这样方能真正实现政府数字化的转型升级。

三、构建基于线上线下信息共享的协同机制

政府数字化转型实质上是实体政府在虚拟领域的功能强化与扩展，但这并不等同于创建一个纯粹的“虚拟政府”或“网上政府”。在数字化转型过程中，应着重关注数字技术对线下实体政府工作方式的重塑，特别是数字信息共享、业务协同和资源整合等。这有助于实体政府在虚拟环境中实现跨行业、跨部门的数字信息资源整合，以及提供流程化、数字化的在线服务，从而推动政府在数字时代进行更全面、更深入的改革。政府数字化转型的核心是线上线下数字信息的相互连接，实现这两者的无缝对接，进而提升政府的治理能力。目前，各地政府已在信息一体化和电子服务系统的基础上，逐步形成了“共建共治共享”的新格局。然而，也必须清楚地认识到，在短期内，数字信息共享技术还无法完全取代传统的政府运作方式，甚至在某些特定环境下，可能会被传统的组织架构所同化。因此，政府线上线下数字信息的深度融合和信息的全面共享仍然需要持续关注和努力。

第四节　数字信息共享技术创新：政府数字化转型的技术保障

政府数字化转型在理论与实践方面都还处于初级阶段。对于政府共享型治理模式在数字信息共享技术方面的突破与发展，需要从技术层面和治理层面进行综合考量。

一、数字信息共享技术的积极性与消极性统一

技术的双重性意味着在审视数字信息共享技术时，需要从正反两方面进行深思熟虑。如果相关的政策法规无法及时跟进，或者理性的标准出现偏差或缺失，那么政府在数字化转型的过程中就可能会产生一系列问题和风险。舒尔曼曾经指出：“虽然数字信息技术能够为人类创造更优质的生活和生存条件，但它也潜藏着威胁社会进步的因素。”作为数字信息共享技术的固有属性，工具理性无法自主决定其发展路径，而是受到主体的控制和作用。换句话说，只有在适宜的政策法规环境中，数字信息共享技术才有可能打破传统的分割局面，构建起最为广

泛、全面和深入的数字信息共享平台，进而展现出“整体性”政府“共建共享”的治理效果。共享型治理体现了技术创新、组织架构和政策规制等层面的一体化协同逻辑，这就要求在应用数字信息共享技术时，必须推进数字信息共享业务流程的再造，加强数字信息共享技术与组织架构的协同与匹配，并提供相应的技术保障。如若不能做到这一点，将面临潜在的伦理道德和技术层面的双重风险。

二、以政策法规推动数字信息共享技术创新

在数字信息共享技术推动政府数字化转型的过程中，完善的政策法规提供了必不可少的基础保障，以确保数字信息共享技术的稳健发展和政府数字化转型的顺利进行。事实上，许多国家已成功实现政府数字化转型，它们通过完善政策法规来支持数字信息技术的创新，这已成为一种国际通行做法。例如，1996 年，美国颁布了《通信法案》以促进数字信息技术的创新，欧盟在 2000 年通过了《数据信息保护指令》，以推动相关技术的发展。我国也在这方面做出了积极努力，自 2015 年发布《国务院关于印发促进大数据发展行动纲要的通知》以来，全国各地相继出台并实施了关于数字信息管理与共享的相关政策及规定。例如，浙江省在 2017 年制定了《浙江省公共数据和电子政务管理办法》，并在 2020 年进一步颁布了《浙江省公共数据开放与安全管理暂行办法》，这些文件从整体上确保了数字信息共享的安全性，为政府数字化转型提供了坚实的法律保障。

三、完善数字信息共享监管技术

在政府数字化转型的实践过程中，需要在各地已有的“数字信息管理办法”的基础上，进一步探索并制定标准统一的信息共享与信息监管等管理规范和监管体系。数字信息共享的监管是一项既全面又复杂的工程，这要求不断地优化数字信息共享的流程，全面提升数字信息共享与政府治理政策之间的匹配度和连贯性，以便为政府政策的顺利实施提供信息制度的支撑。数字信息共享的监管工作需要从信息共享不足和信息共享重叠等方面入手，力求最大限度地降低信息共享的成本，并提升政府信息共享的科学性和规范性。为此，需要运用数字思维去探索数字信息共享机制、数字信息安全机制以及信息共享业务流程的标准化建设。同时，还应深入探索数字信息共享监管技术的创新途径，以进一步改革政府的传统组织架构和监管体系，通过完善健全的数字信息共享监管技术，全面推进政府的数字化转型。

第十章 数字政府建设进入场景驱动新阶段

《国务院关于加强数字政府建设的指导意见》（以下简称《指导意见》）对我国数字政府的建设从多个维度提出了具体的要求和规划，标志着国家层面首个专门针对“数字政府”的纲领性文件的诞生。数字政府建设的目标之一是建设人民满意的服务型政府。而要实现这一目标，核心在于打破政府数据和系统间的隔阂，推动政府运作的高效协同。《指导意见》特别指出，需“以应用场景为牵引，建立健全政务数据供需对接机制”。展望未来，在新政策的引领下，数字政府将迈向崭新的发展阶段，其中，场景创新将成为实现“建设人民满意的服务型政府”这一宏伟目标的重要推动力。

第一节 数字政府建设面临的三大问题

一、重复开发建设问题

传统的政府履职体系以部门为基础，使数字技术在公共管理中的应用往往服务于单个部门的特定目标。技术标准和规范的制定缺乏跨部门的协同合作，导致技术在政府中的碎片化应用，进而引发一系列问题，如重复开发等建设层面的问题，以及多头管理、数据重复填报等运营层面的问题。若仅从满足本部门业务需求的角度出发来应用新技术，将会导致系统整合困难，使系统运行与业务流程无法紧密结合和无缝衔接，从而出现业务与系统相脱节的问题。

二、数据流动共享不足

一方面，基于自上而下的垂直型系统，各地方普遍采取“对上负责”的态度，数据“上得去，下不来”问题突出。另一方面，由于数据安全、使用范围难以保障，一些部门不敢或不愿共享数据，导致“数据烟囱”林立。这已成为阻碍数字政府引领经济社会发展的重要因素，公共部门数据在实际场景中的应用深度和广度仍需挖掘。

三、用户体验不强

各地政府网上服务系统的建设通常由政府行政指令启动并主导，而开发者多为具有政府背景的企业。然而，在需求论证、功能设计以及系统测试等关键阶段，这些系统往往缺乏来自用户端的真实体验反馈。这种情况导致系统设计与实际需求脱节、用户体验不佳，从而使群众对这些系统的接受度和使用频率都相对较低。举例来说，如果在数字化改革中忽视了对服务需求的深入分析，只是简单地将项目上线，而没有充分挖掘和满足公众的办事需求，就会导致供需之间的不匹配以及用户体验的弱化。

第二节 数字政府场景创新的底层逻辑在于“三跨”与“四维”

数字政府场景协作可划分为内跨、横跨和外跨三个层次。内跨场景是部门内部的协同工作。在不改变部门职能的基础上，该场景主要通过数字化技术方案推动政府部门工作方式由线下向线上转变，引领单个部门实现数字化转型，以达到降低成本、提高效率的目标。在此过程中，政府各部门以系统建设为核心，以部门需求为导向，独立构建各种业务场景系统，为市民和企业提供服务。横跨场景涉及跨部门的协同合作。这一场景要求多个政府部门改变各自为政的工作状态，必须通过数字化协同联动才能完成任务。在此情境下，业务流程的重塑由场景来主导，表现为各部门事先制定协同方案，随后通过数字化运营中心进行统筹安排。外跨场景则强调政府与社会机构的协同合作。这一模式需要政府、企业以及社会各界通过数字化流程进行紧密协作，共同参与场景建设，在解决具体问题的同时，也推动数字经济、数字社会、数字生态的共同发展。具体如图 10-1 所示。

数字政府场景创新包括四个维度，即价值、数据、多跨和闭环。首先，价值引导场景。以人民为中心是数字政府建设的价值导向，场景是数字政府与人民互动的重要“界面”，数字政府场景应当把满足人民日益增长的美好生活需要作为

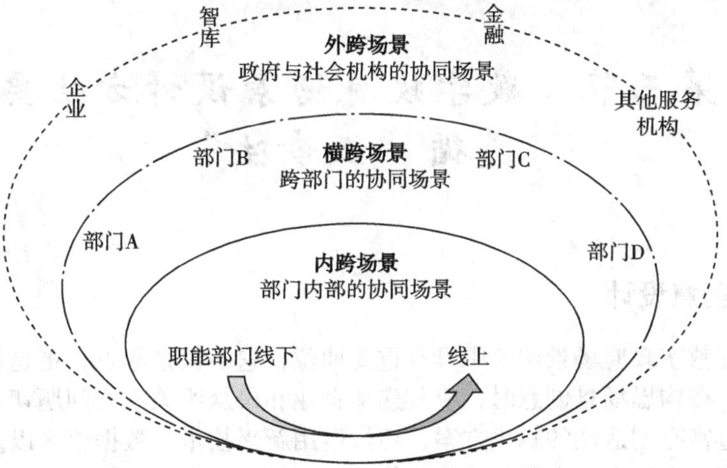

图 10-1　数字政府场景协作的三个层次

数字政府建设的出发点和落脚点，着力破解企业和群众办事难、办事慢、办事繁等问题。场景以需求和价值为指引，通过创新运用新技术和数据要素，融合业务流程、打通系统边界，以优化政府治理流程、创新治理模式并提升履职能力，从而为民众创造新价值。其次，数据是驱动场景运行的核心要素。随着互联网从 IT 时代演进到 DT 时代，数据在场景运行中的基础性作用日益凸显。再次，“让数据多跑路”使行政流程所需的数据能够在场景中汇聚，跨部门协作消除了组织、空间和层级的障碍，实现了“一件事一次办”和“最多跑一次”的服务目标。通过数据的创新应用，流程得以自动化，从而大幅减少了重复和人工操作，实现了“政策主动找企业”和“服务精准到个人”。同时，数据的汇集和深度挖掘改变了认知，带来了新的见解，并激发了政府的主动性、灵活性和创新力，为打造更具创新力的“有为政府”提供了支撑。最后，场景促进了业务的多元化跨界融合和闭环运行。在数据的驱动下，业务流程单元更容易实现“原子化”，成为可以独立完成和更易于组合的业务单元，以便根据新的要求和形势更快速地重构流程。因此，场景为在现行政府框架下更容易地实现跨层级、跨地域、跨系统、跨部门、跨业务的重组提供了一种新的途径。同时，它使原本分割的业务处理环节能够在统一的场景下进行组合，形成了面向服务对象的“有呼必应”的闭环流程。

第三节　数字政府场景设计方法要遵循“五步法”

一、创意设计

创意在数字政府场景构建中具有重要地位，它不仅是起点，更是场景设计的核心所在。在构思场景创意时，应首先从企业和民众所关心的问题切入，深入探讨如何通过富有创造性的解决方案，巧妙运用新兴技术、数据要素以及各种可资利用的资源，有效实现应用场景的价值目标。数字政府场景的新颖创意往往源于多种方法的综合运用，以及新技术所带来的全新构想。举例来说，隐私计算技术的出现使“数据可用但不可见”成为了一种切实可行的选择，而区块链技术则让各类活动的溯源变得更简单。

二、问题导向，小切口启动

在创新与变革的过程中，阻力是不可避免的。在构建数字政府场景时，需要对原有的流程、机制和模式进行调整或优化。为了实现这一目标，应当从解决具体问题、可感知的“小切口”入手，从而启动场景创新的进程，并逐步由点及面地推广。寻找数字政府场景启动的“小切口”从以下几个方面入手：①要瞄准需要解决的具体问题或需求，确保场景的价值足够清晰具体、效果可感知。过于宏大的计划往往会面临巨大的阻力而难以执行。②应使用基本可行的新技术来构建新场景，以降低全新技术带来的不可预知的实施风险和制度变革风险。③选择数字化基础较好的领域作为突破口，那些具有良好数据基础和平台化基础的业务将更适合根据场景需求进行再造和重组。

三、贯通后端

在设计应用场景时，必须全面考虑并打通后端，以实现纵横两个维度的一体化整合。换言之，构建应用场景的过程，实质上也是推动跨域流程、系统、数据相互融会贯通的过程。遵循“分解”与“整合”的基本思路，关注当前的场景需求，兼顾未来的一体化要求，从而策略性地开展整合设计工作。

四、开放创新

应用场景的构建需要采用开放创新模式，因为在数字技术日新月异的创新浪潮中，只有开放创新，才能引入外部创新力量，实现业务和新技术的深度融合并创建新场景。在创意设计阶段，应鼓励科技企业参与进来，共同进行创意构思和设计规划。同时，通过发布机会清单、实施“揭榜挂帅”机制以及开展联合设计等多样化途径，为具备创新实力的企业提供展示才华的平台，使其有机会深度参与到新场景的建设当中。此外，应用场景的开放性应不仅限于技术层面的合作，还需广泛吸纳外部数据合作方，如引入企业的信用数据、社会化的交通运行数据等，从而通过集成社会各方数据资源，进一步强化场景的数据驱动力。

五、持续迭代

新技术的不断涌现和更新使服务质量的提升成为一个持续的过程，然而，由于认知和成本的阶段性限制，数字政府应用场景的建设也需要通过不断的迭代来逐步提升服务能力。因此，数字政府场景的基础设计和建设理念应当借鉴互联网领域中常用的产品迭代机制，采用基于演进的构建方法，进行持续迭代。除此之外，为了支撑场景的迭代完善，还需要建立更加基础的架构和机制，而不只是采用具有迭代性的项目部署方式。

第四节 场景引领数字政府建设发展的措施

一、重视场景牵引，开展场景开放顶层设计

建议各地根据本地数字政府建设的核心任务和具体需求，明确未来的场景创新方向。在顶层设计的框架内，应以3~5年为一个规划周期，进行场景开放规划，着重关注场景的定位、业务设计以及开放计划。鉴于数字政府场景广泛且复杂，一次性完成全面的场景规划具有较大难度，因此，应精准定位企业和市民最关切的问题，明确重点和突破口，并从数字化服务的视角进行策略规划。

二、优先安排数字底座建设，支撑场景驱动模式

“数字底座”应当整合来自政府与市场两方面的数据资源，实现独立应用系统之间的连接，同时提供通用的云环境、数据支持和多种智能化服务。一个坚实的“数字底座”可以使场景开发者能够专注于实现其创新理念，并降低创建新场景的技术难度和减少资金投入。

三、开放数字政府场景，引入外部创新、数据和服务能力

首先，可以在现有政府采购制度的基础上进行创新，采用诸如发布机会清单、“揭榜挂帅”、联合开展设计等多种方式，从而为具有创新能力的企业提供参与新场景规划和建设的机遇。其次，为了促进合作创新，应当提供诸如创新沙盒、数据专区以及场景实验室等试验环境。

四、完善数字化政策，加快体制机制创新，助力政府数字化治理创新

场景配套管理制度的完善是一个逐步迭代的过程，它需要在实验性或实际环境中进行验证、追踪和改进。例如，在自动驾驶试验场地或金融监管沙盒等场景中，可以测试并优化新场景的配套制度。通过持续的迭代和完善，能够逐渐构建出适应新场景需求的管理制度。此外，建议探索并制定一套既宽容又审慎的场景创新供给制度，这套制度将定期公布场景战略、场景项目以及相关的场景配套支持政策，从而为企业提供制度和政策上的保障，鼓励它们积极参与场景创新。

五、加强开放创新，营造多元共治数字政府生态

建议与领先企业携手共筑产业生态。通过与科技领军企业合作，共同构建数字政府场景，不仅可以汲取这些企业的创新力量，还能形成以这些领军企业为核心的产业生态。在推进数字政府场景建设的过程中，同时实现培育新兴企业的目标。

第十一章　数字政府的总体要求、建设模式与总体架构

第一节　数字政府建设总体要求

一、指导思想

高举中国特色社会主义伟大旗帜，坚持以习近平新时代中国特色社会主义思想为指导，全面贯彻党的二十大历次全会精神，深入贯彻落实习近平总书记的重要思想以及重要指示批示精神，立足新发展阶段，完整、准确、全面贯彻新发展理念，构建新发展格局，立足治理现代化战略和经济社会发展实际，将数字技术广泛应用于政府管理服务，以数据共享应用为突破，以夯实数字基础设施为关键支撑，以提升市域治理能力、政府服务能力、协同创新能力为核心，深入推动政府数字化转型，实现政府治理流程优化、模式创新和履职能力提升，构建数字化、智能化的政府运行新形态，充分发挥数字政府建设对数字经济、数字社会、数字生态的引领作用，加快实现政府决策科学化、普惠服务高效化和社会治理精准化，为全面实现社会主义现代化提供有力支撑。

二、基本原则

坚持党的全面领导。充分发挥党总揽全局、协调各方的领导核心作用，全面贯彻党中央、国务院重大决策部署，将坚持和加强党的全面领导贯穿于数字政府建设的各领域各环节，贯穿于政府数字化改革和制度创新的全过程，确保数字政府建设方向正确。

坚持以人民为中心。始终把满足人民日益增长的美好生活需要作为数字政府

建设的出发点和落脚点，着力破解企业和群众反映强烈的办事难、办事慢、办事繁问题，坚持数字普惠，切实保障人民群众共享数字政府改革建设成果。

坚持统筹推进。坚持“一盘棋”思维，加强政务信息化工程全生命周期的统筹协调力度，依托数字政府公共基础能力，持续推进政务信息化建设和政务信息系统整合，加强部门协同、行业协作、上下联动，构建条块结合、省市县一体的数字政府总体架构。

坚持共享开放。强化政务数据资源共享开放，引导和推动政务数据与社会数据资源融合，加强平台共享与互联互通，建设纵向贯通、横向协同的技术体系，引入专业化社会力量参与数字政府建设，构建政、校、企多元参与的开放型数字政府建设的生态体系。

坚持安全可控。坚持网络安全底线思维，强化网络安全和数据安全，提高数据资源保护能力、网络安全预警和溯源能力，落实信息安全和信息系统分级保护制度，采用安全可靠的技术和产品，增强关键信息基础设施可靠性和安全防护能力。

三、建设思路

以“1+2+4+7+N”思路引领数字政府建设，为推动政府履职和政务运行数字化转型，实现经济社会高质量发展奠定数字化基础。

一套数字政府总体架构。构建覆盖省、市、县三级的一体化数字政府建设架构，涵盖管理架构、业务架构、技术架构、数据架构、安全架构，落实“三融五跨”建设要求。

两大数字政府保障体系。在省一体化政务服务平台和数字基础平台支撑下，打造数据资源体系，构建制度规则体系，实现数据资源共享、业务协同和制度创新。

四大数字基础底座。以构建一体化的云网基础设施支撑体系、一体化的政务数据体系、一体化的公共支撑体系、一体化的安全防护体系为基础，支撑数字政府建设。

七大数字化建设主题。聚焦政府运行、政务服务、经济调节、市域治理、智慧监管、生态保护和基层治理七大主题，以数字化技术应用全面驱动政府服务、管理和运行方式，促进部门业务流程再造、数据融合共享和深度创新应用。

N 个多领域场景应用。以七大数字化履职领域的数字化、智能化为核心，形成数字政府体系框架和政府运行新形态。

四、主要目标

数字政府建设目标为：统筹协调机制更加健全，包含政府数字化履职能力、数据资源、平台支撑、政府运行规则、安全保障的数字政府体系框架基本形成，进入以数据赋能、协同高效、治理精准、决策科学、服务优质为主要特征的治理新阶段，政府履职数字化、智能化水平显著提升，实现政府决策科学化、社会治理精准化、公共服务高效化，数字政府改革建设对内赋能作用显著增强，对外辐射带动作用取得重大突破，“一盘棋”的整体化和集约化格局基本形成，数字政府引领数字经济、数字社会、数字生态发展的作用进一步增强，为全面建设社会主义现代化奠定坚实基础。

“数字底座”实现新升级。“数云网端”一体融合的公共基础设施初步形成，电子政务外网覆盖范围进一步向街道、乡镇延伸，网络安全保障能力和安全可控水平显著提升，基本形成结构合理、集约高效、支撑有力的数字基础设施体系。

数据资源赋能新动力。基本形成多元汇集、集中开放的政务数据资源开放应用格局，政务服务、社会治理等领域公共数据全面汇聚、有序开放，公共数据与社会数据深度融合，充分发挥数据服务决策的作用。

政务服务树立新标杆。线上线下相融合的政务服务模式更加完善，各类业务系统应接尽接、服务事项应上尽上，实现跨层级、跨部门、跨区域高效协同发展。

社会治理形成新局面。基本建成“横向联通、纵向贯通”的“一网统管”治理体系，经济调节、智慧监管、应急安全、生态环保、乡村治理等领域的智能化应用基本健全，覆盖广泛、层次多样、反应迅速、协调联动的治理机制基本形成，基层治理智慧化水平领先。

区域发展发挥新优势。城市服务功能、营商环境、公共服务、科技创新等领域配套政策基本健全；公共服务全面融合，医疗健康、文化旅游、交通出行等一体化联通；链接双核，融通全国的交通、产业、科技创新配套体系发挥关键作用。

建设运营取得新突破。跨部门、跨地区、跨层级业务协同联动能力显著增强，统一领导、上下贯通、执行有力、简约高效的数字政府管理机制更加完善，科学决策、精准治理能力显著提升，形成多级联动、多点协同、多方合作的工作格局。

数字政府建设稳步推进，使与治理体系和治理能力现代化相适应的数字政府体系框架更加成熟完备，整体协同、敏捷高效、智能精准、开放透明、公平普惠的数字政府基本建成，为实现社会主义现代化提供有力支撑。

五、实施策略

按照“一盘棋”统筹推进要求，优化数字政府整体架构，完善政务信息化管理运行制度，优化资源配置，制定数字政府建设统筹协调机制，按照“整体协同、分类推进”“省市一体、市县联动”策略，全面推动政府治理数字化转型。

（一）整体协同、分类推进

按照“系统整合、信息共享、业务协同”的要求，系统性再造办事流程，把关联性强、办事需求大、办事频率高的零散事项整合成“一件事”，不断推动政务业务流程再造，驱动各地各部门开展数字化转型。

业务系统建设。各部门在现有业务系统的基础上，根据职能要求和数字化转型需求，开展业务、数据、系统等标准化梳理，推进业务系统整合共享、升级改造和优化提升，提高系统集约化水平，避免重复建设和低水平投资。

业务协同规划。以跨部门业务协同为目标，组织相关部门分批分专题开展协同业务梳理，明确各专题对应的业务流程、系统、数据整合、重组计划，确定对应业务协同系统的架构、功能，完善支撑配套的数据共享协议、管理和操作机制。

协同系统建设。在业务协同规划的基础上，逐步建设完善跨部门、跨区域、跨层级的大平台、大系统，提高跨部门业务协同和应用集成水平，持续提升政府的综合服务能力、综合管理能力和综合决策能力。

（二）省市一体、市县联动

按照“省市一体、以统为主、统分结合”的要求，省、市、县（市、区）各级数字政府建设应遵循统一标准规范，确保架构的完整性、一致性和互通性。

省级公共支撑。在全省数字政府统一架构的基础上，升级扩容市政务云平台，完善政务网络架构。充分对接使用省统建的统一身份认证平台，电子证照、电子签章和签名系统，地理信息公共服务平台等公共能力支撑中台，推进各类业务接入。充分对接使用省一体化大数据中心和省级数据平台汇聚的各类业务数据资源，推进省级数据回流。

市级建设重点。市级各部门按照规划和总体技术框架要求，不再单独建设或租赁云平台及数据机房，新建非涉密应用系统应统一部署到市政务云平台，已建非涉密系统逐步迁移至云平台，推进业务专网与电子政务外网对接整合。充分使用市大数据中心提供的数据治理工具和数据服务，积极开展数据采集、汇聚和治理。

县（市、区）建设要求。各县（市、区）、园区政府原则上按照省、市统一规划、总体架构和标准规范开展集约化建设，实现市、县（市、区）系统一体化、数据资源共享共用，与省平台互联互通、数据共享。对于政务云、政务大数据中心等信息化基础设施，各县（市、区）政府、园区管委会原则上不再单独建设，新建系统统一部署到政务云，已有系统逐步向市政务云迁移，实现市级数据向各县（市、区）开放共享以及县（市、区）级数据在市级的汇聚和融合。统一建设协同办公平台、数据共享交换平台等，实现本区域协同办公和数据共享。对于重大公共性应用系统、行业重要业务应用系统，支持和鼓励各县（市、区）在省、市统一基础平台、统一开发标准、统一应用框架的基础上，创新数字化应用，支持将成熟管用、全国领先的经验做法上升为省市解决方案。

第二节　数字政府的建设模式

一、政府主导管理模式

政府主导管理模式即“主动作为、依法推进”的管理模式。这种模式的建立，一方面，推进政务信息化建设体制改革，统筹政务数据资源。整合了原部分省直机关有关信息化管理的相应职能，以及政务服务审批事项管理职能。以数字政府主管部门为主导，全面负责数字政府建设，将省级各本门数据信息进行整合，实现信息互通、资源共享。另一方面，创新政企一体联动、“管运分离”的政企合作机制。通过政企一体、分工明确、政府管理、企业支持的建设思路，推进数字政府建设的模式创新。在这种全新的政府—企业联动模式中，政府负责规划建设模式、引导协调资源、监督建设效果，企业承担具体的方案执行、技术创新、成果转化及应用落地，由此达成优势互补。

二、协同治理推进模式

协同治理模式是在当前治理形势日益复杂情况下的一种主要治理方式，协同治理模式的显著性特征表现为主体的多元化、治理的协同化、运行的系统化。在公共治理过程中，政府和其他主体通过协商与合作的方式充分发挥自身的作用，协同推进，由此打造数字政府建设过程中的全新社会治理体系。这个推进模式包括政府与政府协同、政府与企业协同、政府与民众协同。通过政务格局纵向及横向整合，形成横纵共享的网络节点，创建协同治理的体系。

三、数字资源共享模式

在数字政府的整体建设中，数字资源层的建设是较为关键的层面，数字资源的共享程度及开放水平直接关系到对外提供服务的能力，因此，在整个建设的初期，应打造系统的数字资源共享模式，这一模式的设计应遵循由外到内、自下至上的原则。具体的方式是：第一，完善基础信息库的建设，发挥好基础支撑性作用。第二，确保将各部门的数据资源统一接入到省政务信息资源共享平台。第三，根据企业、群众办事以及政府端办理业务的需要，面向企业、群众构建用户推荐模型，面向政府打造数据治理模型，构建真正的“数字之城”。

第三节　数字政府的总体架构

一、管理架构

按照党对数字政府建设的集中统一领导，在数字政府建设组织管理体系下，不断完善数字政府建设管理架构，构建“统一领导、上下贯通、运行高效”的数字政府建设管理架构。具体如图 11-1 所示。

（1）统一领导。建立健全数字政府建设工作机制，完善信息化建设、数字基础实施、营商环境、政务数据、技术支撑、标准规范等方面的专项推进机制，加强数字政府建设的统筹规划、跨部门协调和统一部署，领导数据管理工作，协调解决重大问题。

（2）统筹管理。统筹整合各部门数字政府建设职责。政府办公室牵头负责政务信息资源整合共享和公共信息资源开放，政务服务管理部门负责“一件事”事项梳理和流程优化。政府办公室作为数字政府建设行政主管机构，负责公共类项目具体实施和部门协调工作，统筹政务服务项目管理、相关标准的制定。县（市、区）大数据中心在管理框架下，开展本行政区域内数字政府工作的组织和安排。按照“一个机构管总”的原则，理顺购买服务的模式，建立信息化项目立项、采购、服务、验收、评价等全过程管理机制。

（3）建设运营。依托“一盘棋”部署，强化市、县两级协同。由数字政府建设行政主管机构开展本地化建设和运行维护服务的统筹管理。县（市、区）参照市级模式，开展本级政务信息化项目建设和数字化应用。

（4）公众参与。通过政务公开平台、网上听证、网络民意调查等网络化、数字化方式，增强治理信息双向交流、政府民众高效互动，实时了解民众诉求、了解民情、收集民意，推进数字网络在民主化进程中的应用。

（5）智库支撑。完善专家委员会、标准联盟、科研院所机构。由专家委员会提供战略咨询、标准联盟负责相关规则制定、科研院所机构提供技术支撑，为数字政府建设工作提供高水平的咨询服务。

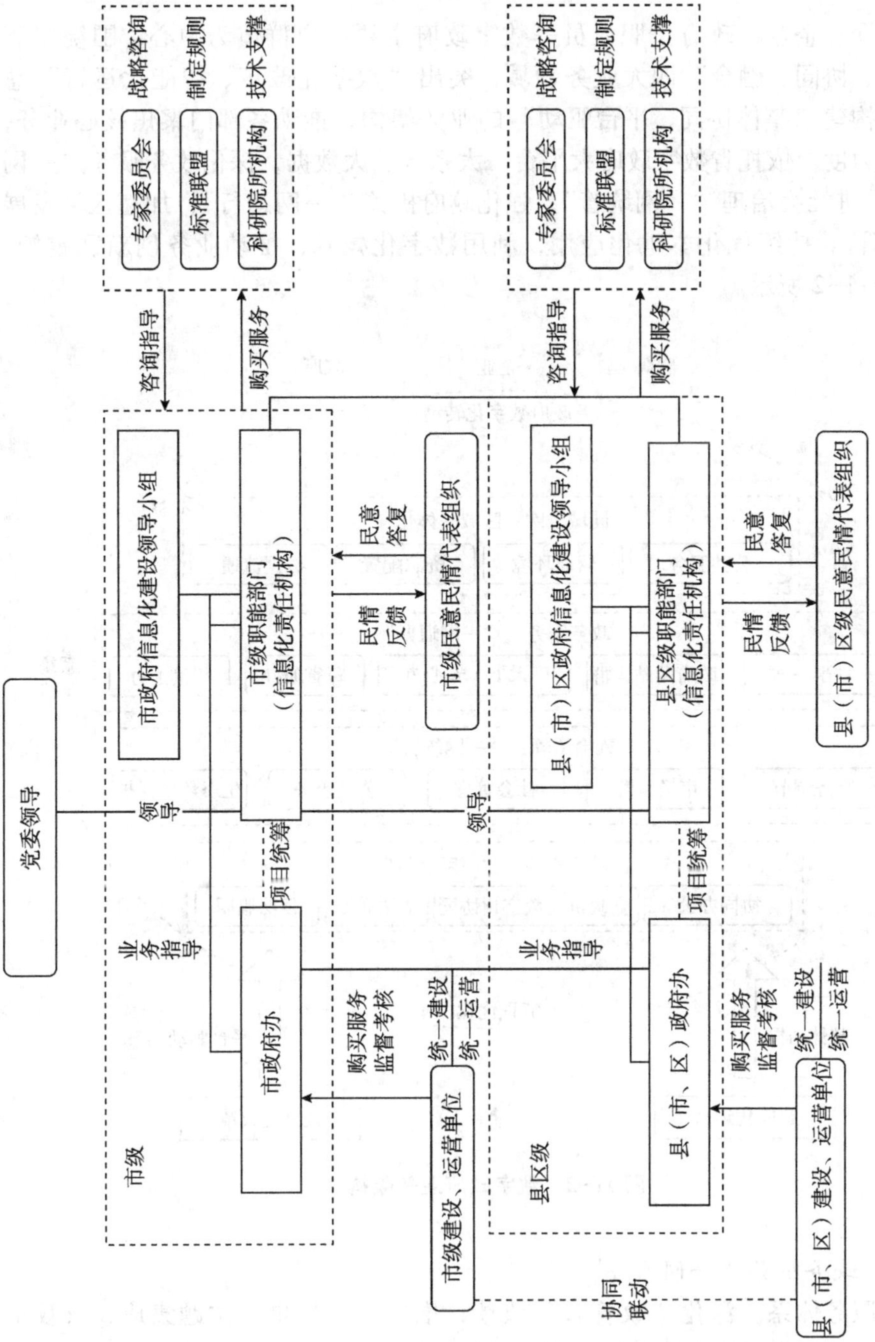

图 11-1　数字政府管理架构

二、业务架构

以群众、企业、政府公职人员等数字政府主要用户群体为中心，围绕“服务、治理、协同、融合”四大业务领域，突出“数字化改革、智能化运行”总体方向，构建“整体协同、平台驱动”的业务架构，推动各部门聚焦核心业务，加大协同力度。依托省数字政府大平台、大系统、大数据，深化政务服务“一网通办”，推进社会治理“一网统管”，强化政府机关“一网运行”，加速区域发展“同城融圈”。持续优化本地化应用，利用数字化技术，推动业务创新和重塑。具体如图 11-2 所示。

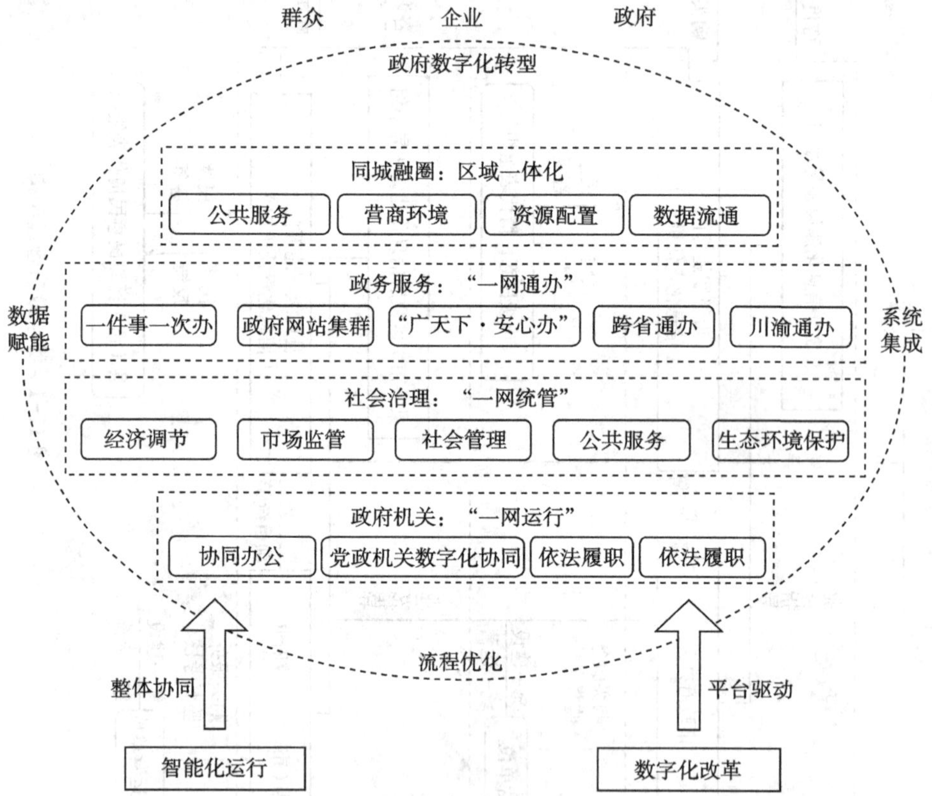

图 11-2　数字政府业务架构

（一）政务服务“一网通办”

政务服务体系。深化“放管服”改革，推进“一件事”主题集成、行政审批制度改革、信用承诺审批制度、容缺受理和告知承诺制等集成式改革，实现跨省通办事项服务目标，推动政务服务流程和方式重塑，实现“一窗通办”“跨省通办”，推动政务服务提质增效。

政务服务。积极衔接国省系统平台，不断推进“一网通办”能力建设，实现线上线下深度融合，依托统一的智慧政务服务平台开展本地化应用，不断提升群众、企业获得感。

公共服务。依托省统一平台和本地化特色应用平台，持续推进教育、医疗、民政、人社、交通、就业、医保、文旅等信息化民生工程建设，充分发挥政府数字化转型对促进政府公共资源优化配置的作用，推进公共服务在线化、城乡均等化、普惠化、便利化。

营商环境。围绕企业全生命周期，整合相关部门业务流程、应用系统，为企业提供“一站式”、智能化、精准化服务，增强环境吸引力和竞争力。

服务保障体系。建立政务服务整体运营体系、业务协同体系、多渠道融合体系，为智慧政务服务提供保障。

（二）社会治理“一网统管”

“一网统管”体系。形成以智慧治理中心为核心的市县联动“一网统管”工作体系，加强动态感知、联动指挥、辅助决策等支撑能力，不断提升政府治理科学化、精细化、智能化水平。

经济调节。加强财政、审计、国有资产、统计等领域的信息化支撑，以大数据手段为支撑，多层面监控经济运行状态，为经济政策制定和数字经济发展提供决策数据，提升政府经济运行监测和政务数据分析能力。

社会治理。推动信息技术与社会治理深度融合，在基层社会治理、治安防控、应急、城市管理等领域，形成全周期、全科式综合治理格局，提升社会治理数字化、精细化、智能化水平。

市场监管。加强市场监管信息化建设，强化食品、药品等领域监管，建立健全以信用为基础的新型监管模式，不断提升综合监管和治理能力。

环境保护。在自然资源、生态环境、水务、气象等领域强化信息技术应用，形成监测、预警、跟踪、应用、处置和服务的闭环，提升对各类生态风险的防范和治理能力。

三、技术架构

按照“系统整合、信息共享、业务协同”的总体要求，以“省市一体化系统搭载本地应用”为导向优化完善技术架构，构建“四横三纵”技术架构，实现数字政府基础设施、数据资源、公共支撑、业务应用等的集约化、一体化。具体如图 11-3 所示。

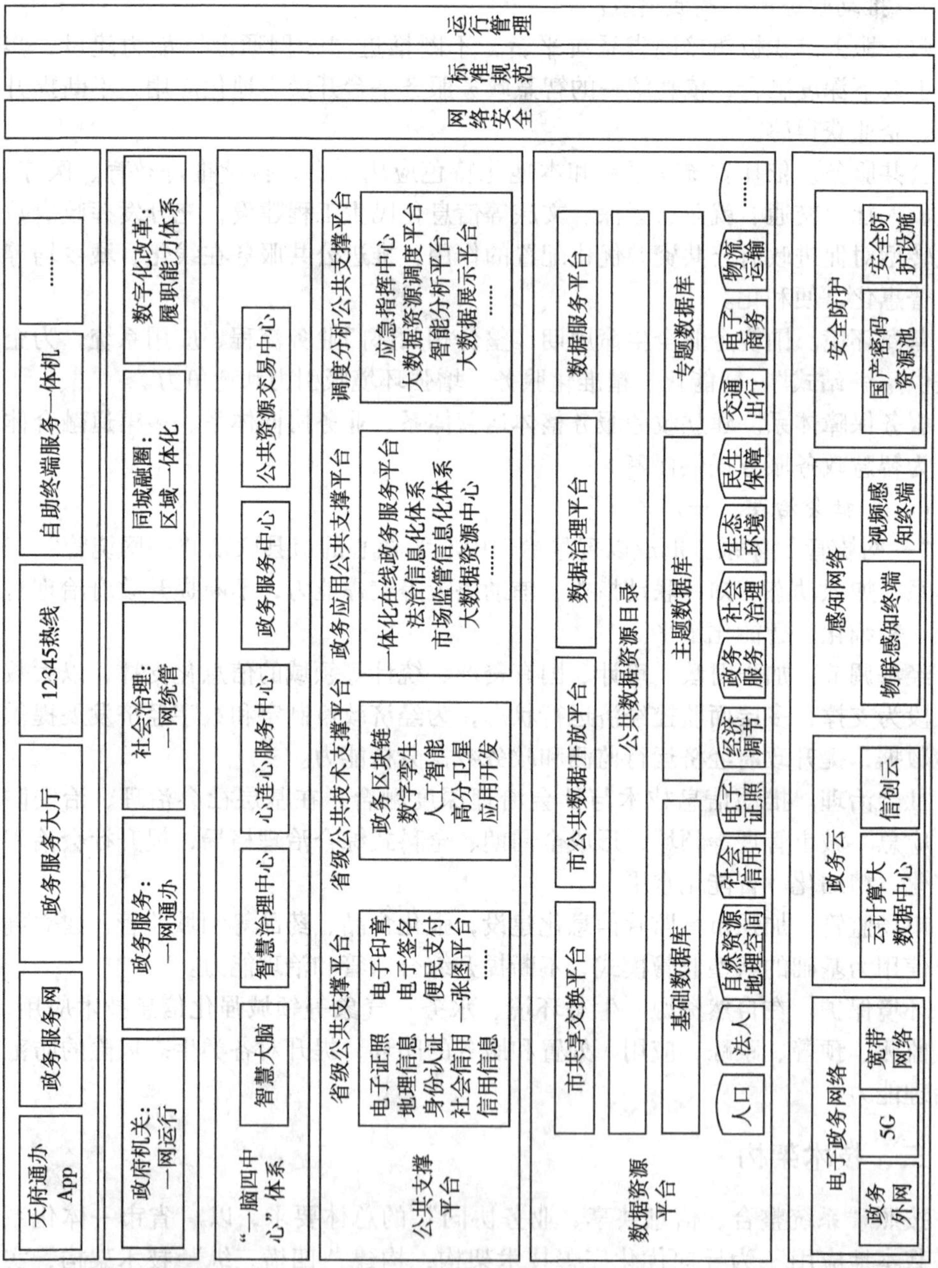

图 11-3　数字政府技术架构

（1）基础底座层。即基础服务平台，包括电子政务网络、政务云、感知网络和安全防护。电子政务网络为数字政府应用提供高速、可靠的运行环境，政务云提供满足多应用场景的算力服务，感知网络可实现网络与数据的互联互通，安全防护为政务信息系统提供集约化网络安全服务。

（2）融合平台层。包括数据资源平台、公共支撑平台和“一脑四中心”体系，为数字政府各类应用提供大数据及公共能力支撑服务。通过统一的数据资源共享交换平台，构建省、市、县（区）三级信息共享、业务协同的通道和数据汇聚枢纽，汇聚各地、各部门政务数据，建设完善数据基础库、主题库和专题库。公共支撑平台以省、市统建的各类公共支撑平台为主，包括省级公共支撑平台、省级公共技术支撑平台、政务应用公共支撑平台、调度分析公共支撑平台，由省级统建的系统以应用开发为主。“一脑四中心”体系包括智慧大脑、智慧治理中心、心连心服务中心、政务服务中心、公共资源交易中心，对重大事项进行动态监测、实时扭转、跟踪督办，赋能领导决策和经济社会发展。

（3）业务应用层。业务应用层即应用平台，通过业务系统整合优化，推进政务信息化共建共享共用，形成协同高效、安全便捷的应用体系。

（4）用户交互层。用户交互层通过打造线上移动端、集成式入口以及线下窗口、自助终端等载体，实现多种渠道体验一致的政务服务平台，为企业、群众提供便利化、普惠化服务。

（5）网络安全。在安全管理机制、保障策略、技术支撑等方面，构建全方位、多层次、一体化的数字政府安全防护体系，保障数字政府技术架构各个层次的可靠、平稳、安全运行。

（6）标准规范。构建数字政府标准规范体系，完善标准规范工作制度，建设完善包括数据、政务服务、应用支撑、基础设施、运营管理和网络安全标准在内的标准体系。

（7）运行管理。包括对各个层次系统的运行维护、质量管理等工作。

四、数据架构

以“共建、共治、共用”为原则，以应用和需求为导向，构建上联省、下通县（市、区）的一体化、服务化的数据架构，提升各级政府部门数据管理和应用能力，实现数据全生命周期治理和全方位赋能。具体如图 11-4 所示。

（1）数据源。数据源包括各地各部门产生的业务系统数据、视频图像数据、物联感知数据等，以及包括以业务为导向汇聚的互联网数据、社会数据，按照不同业务属性形成业务库和共享库。通过对各业务部门政务数据资源的有效治理，构建支撑跨部门业务数据供需平衡的基础库、主题库和专题库。

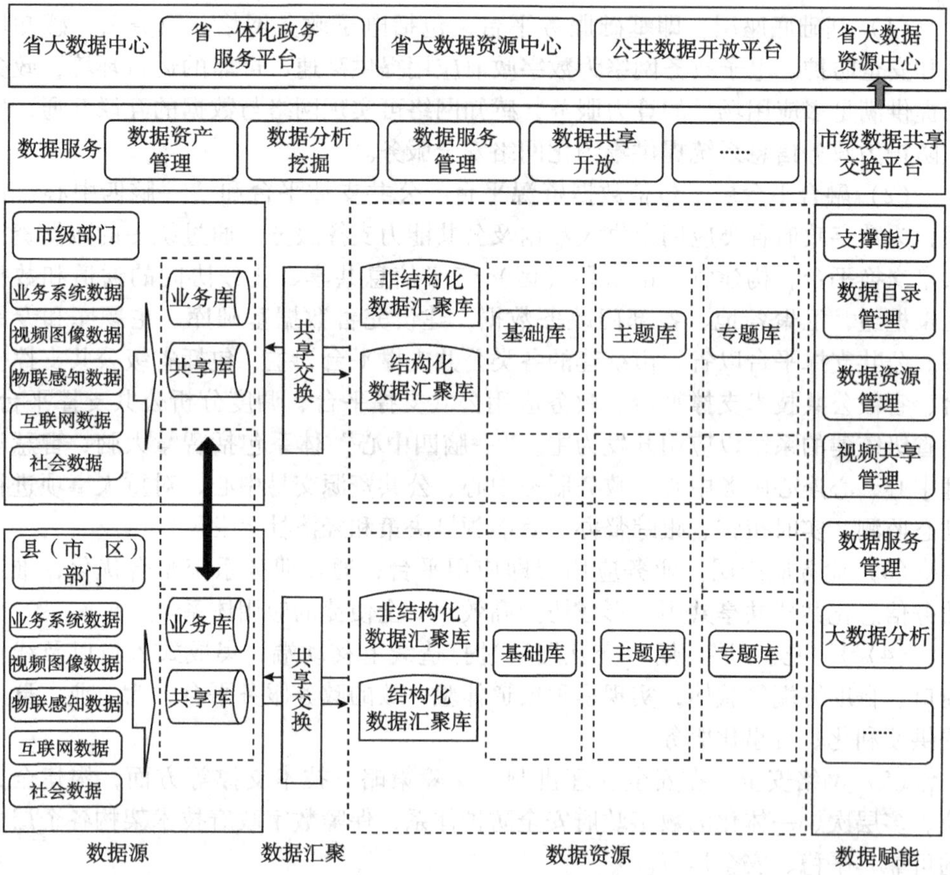

图 11-4　数字政府的数据架构

（2）数据汇聚。依托政务数据共享交换平台支撑能力，打造市、县（市、区）两级数据资源汇聚通道，推动各地、各部门数据资源向政务数据共享交换平台汇聚，形成市县两级高质量数据资源池。

（3）数据资源。数据资源池包含基础库、主题库和专题库。基础库主要指包含人口、法人单位、自然资源和空间地理、社会信用、电子证照等信息的基础库。主题库指有关某一主题的数据库，包括交通、政务数据库等。专题库指基于行业业务需求和专项工作要求，依托基础库、主题库和部门业务数据形成的数据资源集合。

（4）数据赋能。指依托政务数据共享交换平台，提供统一的数据支撑能力，包括数据目录管理、数据资源管理、视频共享管理、数据服务管理、大数据分析等。

（5）数据服务。基于政务数据共享交换平台，统一管理和对外提供公共数据资源，提供公共数据流通过程中的授权、访问、监管等服务，全面支撑各地各部门的业务开展和应用创新。

（6）省大数据中心。贯彻落实国家、地方、行业等相关标准规范，按照省数据资源标准规范要求，开展数据资源语义、数据资源目录体系、数据交换共享开放、数据资源管理、电子文件归档等标准的建设，对公共数据规范性、准确性、一致性、完整性、时效性进行评估，推动数据全过程管理。

五、安全架构

全面强化数字政府安全管理责任，落实安全管理制度，加快关键核心技术攻关，加强关键信息基础设施安全保障，强化安全防护技术应用，切实筑牢数字政府建设安全防线。具体如图 11-5 所示。

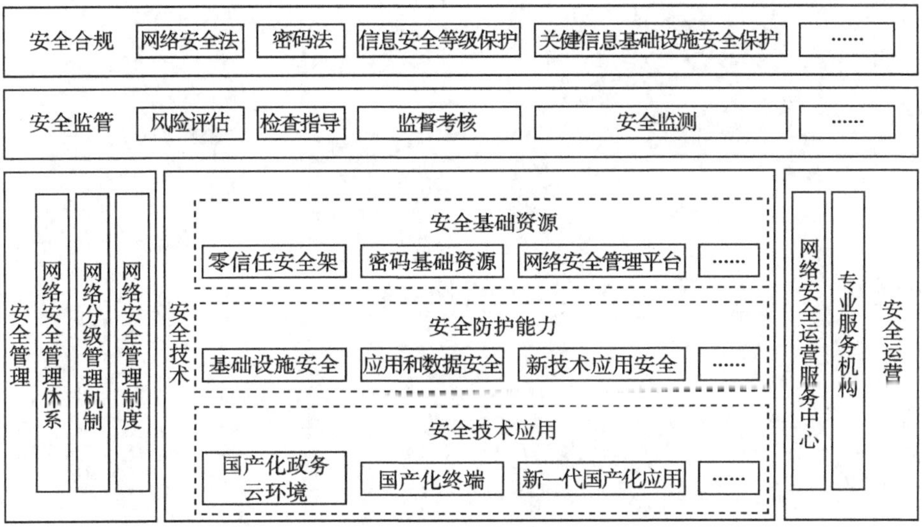

图 11-5　数字政府的安全架构

（1）安全合规。根据国家、省网络安全相关政策文件规定，以保障网络安全为导向，以合规为基础，考虑整体安全设计，建设网络安全防护体系，保障网络信息安全工作推进的统一性、一致性、有效性。

（2）安全监管。在网络安全、数据安全、系统安全等层面建设统一、协同联动的安全监管和应急机制。落实风险评估、检查指导、监督考核、安全监测等制度，实现安全监管和应急工作可量化、安全绩效可视化。

（3）安全管理。安全管理即建立统一的网络安全管理体系、网络分级管理机制和网络安全管理制度。明确数字政府建设中各主体的责任分工，落实数据安全保护责任，提高安全管理水平。

（4）安全技术。在安全基础资源、安全防护能力和安全技术应用上发力，确保基础设施安全、应用和数据安全、新技术应用安全，增加国产化设备终端的使用，全面强化数字政府安全的关键技术支撑。

（5）安全运营。以安全技术体系为基础，建立统一的网络安全运营服务中心，利用大数据技术实现全网安全态势的实时分析、关联分析等，引入专业服务机构，提供覆盖全生命周期的服务。

第十二章　数字政府的建设路径

第一节　基础设施支撑建设

经过对数字政府建设的现状、存在问题以及当前新形势的全面分析，发现数字政府的建设是以一体化在线政务服务平台为基础的。该建设从基础设施、职能机构、人才队伍以及法律制度这四个主要方面展开。数字政府将依次经历数字化、智能化和智慧化三个发展阶段。此过程旨在提高资源配置效率和服务质量，构建一个融合数字基础、数字服务、数字经济和数字治理的全方位、无死角的便民服务体系。为“互联网+政务服务”的深入推进提供有利的环境，切实增强人民群众的获得感和满足感。

一、网络基础设施

建设完善、智能、迅捷、稳固的数字基础设施，是提升信息跨区域流通效率和协同治理能力的重要保障。在网络基础设施建设方面，应着重加强全省基础传输网络和无线移动通信网络的构建，秉承共建共享的原则，努力消除电信服务的末端盲区，确保网络信号的全面覆盖。同时，积极推动 IPv6、NB-IoT（窄带物联网）等前沿网络技术的普及和应用，以加速实现高速宽带无线通信的全面覆盖。

二、云计算与人工智能

云计算和人工智能在推动创新应用方面扮演着重要角色。首先，将云计算技术融入数字政府建设的基石中，采纳私有云、公有云及混合云等多种部署模式，以此确保硬件中心的独特性并实现信息的无障碍共享。云计算技术对于加速业务协同处理、促进跨地区信息共享以及跨层级信息流通具有显著作用，旨在实现服务的精确、快速和智能化，提升数字政府建设的整体水平。其次，人工智能技术在政务服务中应用于在线审批和移动政务服务建设两大领域。借助机器学习和知识图谱技术，能够实现审批的即时性和智能化。在移动政务服务方面，探索智能问答系统和智能知识库的应用，以构建全天候的政务咨询热线，迅速响应民众的业务需求。同时，结合用户画像和后台数据分析技术，提供更加个性化的政务服务，使政务 App 真正成为以用户为中心、“因人而异”的服务平台。

三、5G 新技术

将第五代移动通信网络建设作为未来网络基础设施建设的重中之重，在选定的示范区积极推进集成应用试验，确保 5G 基站布局的科学性，并着力打造高品质的 5G 网络环境。深入研究 5G 新技术在数字政府构建和产业生态孵化中的实际应用。在推进数字政府构建方面，借助 5G 技术的优势，努力扩大数据采集的范围，拓展采集途径，提升数据的多元性和格式的多样性，从而为数字城市的打造提供更为精准的决策依据。在产业生态孵化层面，强调企业在其中的主导作用，积极倡导企业之间进行跨领域的创新合作，鼓励行业领军企业牵头组建开源技术研发团队，以此推动形成一个开放、协作、共享的产业生态体系。同时，也致力于探索 5G 技术的深度融合与应用，构建以需求为导向的创新应用模式，深入挖掘各个行业的业务需求。

四、数据存储与共享

随着技术的不断进步和政府治理方式的革新，数据存储与共享所面临的挑战也日益凸显。现今社会发展对数据存储与共享的标准统一性、全面连通性、数据归集一致性、共享有效性和实时在线性提出了更为严格的要求。这些要求进而对数字政府建设产生了深远影响，要求构建完整且顺畅的业务流和信息流，以增强政务服务的深度和广度。这一系列任务的基石在于“政务一朵云”的构建。在新技术推动下，“政务一朵云”的建设正朝着统一规划、统一管理运维及标准化方向迈进。应充分发挥“政务一朵云”在大数据中心建设中的核心作用，确保其具备多元化的数据存储、处理及分析功能，从而实现数据的最大化汇聚与共享。

五、数据安全

推进数据安全建设，形成防范、监管、通报、响应和处置机制。首先，在网络安全保障体系的建设过程中保障体系的完备与规范运作。同时，需要积极研究并应用国内外顶尖的安全防护技术，构建有效的预警系统，并且实施经过验证的网络安全与隐私保护策略，以确保网络环境的安全稳定。其次，为确保安全保障体系作用的发挥，还需配以安全保障制度，从而从规则层面为数据的处理、新技术的应用提供保障。制度的制定需覆盖平台建设、新技术应用、系统运维等多个方面。最后，在严格遵守国家网络安全防护相关政策法规的前提下，建立一套综合的安全防护及网络空间治理体系。同时，进一步强化关键信息基础设施的建设，以提升网络安全防护的整体水平。

第二节　职能机构建设路径

实体政府的虚拟化是信息技术进步带来新趋势。这种虚拟化趋向不仅强调组织结构的扁平化，还强调部门间的无缝协同合作。更进一步地，它以智能化服务的形式在公民面前展现。通过与实体政府的互补与互动，这种虚拟化模式催生出一种革新的政府运行方式，从而推动政府体制和机制的改革。这一演变恰好适应了新时代背景下政府对科学运作的要求。

一、建设“一盘棋”机制

在推进数字政府建设中，首先，要明确建设主体。主管部门应肩负起数字政府的整体建设职责，包括构建统一领导的工作机制，保证部门内部的沟通顺畅，协调涉及改革的各部门，并制定确保各项举措有效落实的保障策略。具体而言，要建立常规的工作协调机制，依据各地区和各部门的实际工作需求，合理配置工作人员，建议每个地区或部门至少分配一名工作人员。此外，应按月或季度定期召开会议，以便及时总结和分享建设经验，发现并解决问题。其次，需设立定期检查机制，对数字政府的各项改革进展进行实时追踪和跟进，要求各地区和各部门在每月初进行工作汇报，以便对现状和问题进行深入分析。再次，在团队建设方面，应强调业务部门的作用，围绕重点任务组建相应的项目工作团队。最后，应明确责任企业在整体建设中的支持角色，充分利用专业技术人员的技术及经验，深入到业务需求单位，为其提供专业的技术服务支持。

二、建立跨地域、跨部门、跨层级政府管理机构间信息交流和共享机制

采取整体设计和统一开发、集中部署和多级共用的统建模式。具体来说，要

搭建一个高度协调、高效运行的信息技术体系，该体系覆盖基础网络、数据存储、信息安全等多个方面，可支撑省级政府部门的多样化需求。在此基础上，应遵循国家政策法规的指引，对现存分散且独立的政务信息系统进行合理的清理与整合。同时，需精心制定全面的数据迁移方案，以确保数据的顺利汇集与整合。接下来的重点是建立起真正意义上的地区政务外网大统筹管理模式，这包括资金、运营等各方面的整合。为此，要构建完善的地市级政务外网城域网体系，从而保障全省政务外网的安全接入、安全管理以及网络管理的整体规划。完成上述任务后，核心工作将转向业务流程的优化与再造。这要求打破传统的政务运行模式，重新塑造一种流程化的权力运行机制。通过这种方式，能够消除以往因信息壁垒和协同问题所带来的障碍，使政府权力得以高效运行，进而推动服务型政府的建立。

三、简化和优化政府公共服务流程

简政放权成为激发市场经济活力和提升公共服务质量的要求。在此过程中，充分运用技术手段，将传统的实体治理模式转变为虚拟治理模式，包括人员、组织和服务的虚拟化，实现治理活动从物理空间的分散状态向虚拟空间的整体性迁移。这种转变不仅减少了政府管理机构服务流程中的冗余环节，提升了服务效率，还有效地避免了资源浪费。具体来说，采取了以下措施：首先，强化“管运分离”，持续推进“放管服”改革，凸显政府管理机构的协调者角色，将运营工作交由企业承担。鼓励企业参与政府公共服务流程的优化改革，利用其在市场中长期积累的技术经验、数据资源和用户，更精准地理解并满足用户需求，从而提供更贴心、更具针对性的公共服务。其次，精简政府机构和流程。随着新一轮党和国家机构改革的推进，中国政府体制设计揭开了新篇章。致力于推动政府机构的精简和流程的不断优化，特别是对于面向公众服务的部门机构，注重职能的集中和整合，对具有相似或相近职能的科室进行重新划分。在服务流程设计上，在追求效率和便利的同时，更加注重群众的办事体验，运用互联网思维来设计办事流程。最后，推动政务服务实现“掌上办”和“一网通办”。政务服务事项的网上办理是数字政府形态下的必然选择。在过去的几年里，在政务服务事项的网上办理和移动端办理方面取得了显著成绩。下一阶段，将进一步扩大服务范围，整合和重塑提供同类公共服务的部门，聚焦跨部门协同审批和并联审批事项的突破。对于申办数量较少的事项，化繁为简，提高办事效率，实行集成服务，确保企业和群众办事“只进一扇门”“最多跑一次”。

四、政府、市场和社会资源有机融合

政府、市场、社会资源这三者的有机融合与互动，是保障数字政府平稳运行的先决条件。就这一方面而言，首先，为确保数据资源的安全并充分发挥政府数据资源的价值，可以考虑组建国有控股的大数据公司。在这个过程中，主管部门应提供有效的业务管理和指导，同时赋予该公司市场化的功能和职责。这家公司不仅将负责政务服务平台的建设与运营，还将承揽软件开发、系统集成等业务，从而建立起政府与企业间的合作机制，吸引各类公司参与。进一步来说，需要加强政府数据与社会数据的融合。特别是与IT服务提供商和电信运营商的合作，这些企业拥有庞大的用户基础和丰富的实践经验。政府可以通过制定采购标准，建立合理的运维管理机制，将这些社会力量纳入整体建设中，实现社会数据与政府数据的有机结合，进而提升政府数据的应用价值。其次，要充分利用一体化网上政务服务平台，将所有数据上传至平台。通过这种方式，可以借助社会主体的行业经验，灵活运用数据，精准描绘用户画像，并提供多样化、个性化的服务。

五、制定客观有效的评估与考核体系

构建科学的考核与评估体系对于推动工作任务的落实至关重要。近年来，国家每年都会对政务服务工作的执行情况进行评估和考核。为适应这一趋势，必须建立相应的评估和考核体系。这不仅有助于国家任务的顺利完成，也是确保实际建设成果的应有之义。首先，可以充分利用电子监察系统的优势。作为数字政府建设的重要组成部分，电子监察系统具备监督留痕、追根溯源以及实时在线监督的功能。其次，建立政府数字化督查系统。这一系统集指挥、督察、沟通和反馈于一体，能够全程跟踪重点任务的分解、进展和完成情况。融入数字技术后，更可实现24小时不间断督察和即时反馈，从而达到数字化督察的目标。最后，构建数字政府绩效考核体系。该体系主要考核各部门及各层级公职人员的工作表现，通过制定整体任务规划，评估个人目标的完成情况和贡献程度。同时，结合考核机制和奖励机制，以科学公正的绩效考评和奖惩制度，全面激发各级政府管理机构的工作热情。通过以上方法建立起一个精准、高效、全天候、全方位的考核评价模式和机制。

第三节　人才队伍建设路径

专业化人才是推动数字政府建设的重要力量，是决定数字政府建设成功与否的关键因素。在数字政府建设进程中，政府工作人员的计算机技术和信息化水平直接决定着数字政府建设的高度、数字政府治理能力水平、数字政府提供公共服

务的质量。因此，新的政府治理模式对政府工作人员提出了更高的要求。

一、提升公务员数字化能力

首先，提升公务员的数字化素养。为此，可以结合线上授课与线下讲座的形式，深化公务员对数字政府的理解与认知。这样不仅能充分展现公务员的素质与才能，还能确保每位政府工作者都积极参与数字化改革。同时，致力于营造一个积极的学习氛围和文化环境，以培养公务员的数字化思维，提升其信息判断和应用能力，从而更好地服务于人民群众。其次，必须加强人才队伍建设。在选拔人才时，着重考察其对政务业务的熟悉程度和对信息技术的了解程度。通过完善公务员选拔机制，能够将那些具备计算机技术和信息化知识的大学生或社会人士吸纳到公务员队伍中。此外，还应建立奖惩机制，优先提拔那些精通信息化的领导干部，以凸显他们在信息化政府建设中的关键作用，从而加速数字政府的建设进程。最后，关于数字政府建设的培训和研讨也至关重要。可以通过线上和线下的方式，提供有关数字政府建设和应用的理论与实践培训。线上方面，可以研发一款专门用于学习数字政府理论的 App 或小程序，并要求各级政府工作人员在规定时间内完成相应课程，通过线上考试来检验学习成果；线下方面，各级党校可以定期组织培训班，进行数字政府理论与实践的培训，以丰富政府工作人员的网络化办公技能，并培养出既精通政府业务又擅长运用互联网技术和信息化手段的综合型人才。同时，还将通过案例分析等方式，总结国内其他省份在数字政府建设方面的成功经验，并进行经验交流，必要时还应派遣相关人员到其他省份进行学习与借鉴。

二、培养和引进专业人才

要加大引进数字政府治理人才的力度。①构建并优化人才引进机制，持续完善相关的制度体系。根据实际工作需求，在实践中不断摸索和积累经验，以明确所需人才的特质与条件。设计一套科学且合理的人才引进策略及相应支持体系。这一策略将有针对性地吸引那些能够胜任特定岗位的专业人才。此外，设立相应的奖惩制度，尤其重视通过合理提升薪酬待遇来激励员工，以此吸引并留住专业人才。②全面开展数字政府治理人才的培训工作。建立相应的人才培养机制体制，结合岗位实际，通过科学的教育培训和相关强化训练，实现对数字政府治理人才的再培养、再教育，从而更好地发挥其作用。注重培养专业人才的自主学习习惯，使其不断通过学习提升工作能力。采取不定期聘请有关专家、让相关人员去在此方面做得好的单位学习等方式，不断提高专业化水平。采取不定期考试、测验等方式，有效促进专业人才工作能力和水平的提升。③增强与高等院校在人才培养方面的合作。通过与高校及科研机构紧密协作，政府有针对性地培养精通计算机技术和具备信息化知识的专业人才。每年从高等院校的优秀毕业生中选拔合适人才加入政府部门，以吸引更多专业人才投身于数字政府建设，从而缓解该领域人才匮乏的状况。优化高校的学科配置，增设一系列相关学科专业和博士后流动站，打造“政产学研”相结合的培养模式。这种与政府联动的培养方式，将为数字政府建设不断输送新生力量。④构建数字政府智慧库及咨询顾问团队。通过与高等院校和科研机构合作，共同打造前沿的数字人才智慧库，并建立专门的咨询组织和专家团队，以增强对政务信息系统的整体设计与规划。凭借专家委员会的支持，设立数字政府建设专家咨询委员会等实体形态的数字政府研究机构，充分利用“智慧库外部智慧”。

三、法治制度建设路径

伴随着全球信息技术革新的顺利完成，数字政府自然而然地诞生。作为一种新型的政治形态，数字政府的高效运作离不开一套全新且贴合其特点的法律、规章及制度的支撑。为了规范数字政府的运行，需要颁布相应的法律体系和管理办法，以确保数字政府建设能够有条不紊地推进，并加速政府的转型进程。

第四节 法治制度建设路径

一、建设法制化数字政府

构建完善的法律法规体系，对于数字政府的稳定运行至关重要，这是数字政府建设不可或缺的环节。在推进数字化发展的过程中，必须严格遵循国家网络与信息安全法律法规以及政务信息系统安全管理规定。在数字政府的运维过程中，应加大安全防护和监督落实的力度，以保障平台、网络、业务及数据的安全。同时，安全防护措施和管理手段也应不断更新，以适应时代的变化。政府应设立数字工作领导小组，并在其中任命首席信息安全官，配置安全分析师、安全架构师及安全工程师等专业人员。企业也应建立相应的网络信息安全组织，与政府共同确保数字政府建设过程中的网络和信息安全。

二、强化数据立法

为确保数字政府的顺畅运作，必须完善相关法律和法规，尤其要强调数据所有权在数据立法中的核心地位。针对数据采集、数据权益、数据交易及数据安全等，制定相应的地方性法规，并为数字政府的建设提供具体的法规支持。这些法规应明确各类数据在获取和使用全过程中的具体规范。同时，需要妥善协调数据法律与其他法律之间的关系，准确把握数据法律的核心要点，以确保数字政府在法律框架内运行。此外，必须切实履行网络信息安全监督管理的职责，坚持“使用者负责、管理者负责”的原则，进一步明确和强化各方的主体责任。

三、建立完善的监管、通报、响应和处置机制

借助数字化领域的立法推进，探索并构建完备的监管、通报、响应及处置体系，规范数字化进程中的各种行为。根据各领域和行业的实际需求，通过共享平台进行有针对性的数据开发与利用。设立一个专职机构，该机构将承担起对云平台和共享平台的集中管理职责，还将动态监管政府部门的相关数据及共享数据的使用情况。此外，该机构还将负责确保云平台和共享平台的数据安全，并依据相关法律法规，对数字政府的建设进行综合评价，实施奖励与处罚措施，以确保数字政府建设的稳步推进。将在数字政府领导小组的支持下，探索建立跨部门、跨领域的联动响应机制。为此，将联合相关部门，定期召开专题会议，共同研究并解决各类突发性事件及违法违规问题。

第五节　资金保障

一、建立专项资金

努力探索建设运营模式——“政府引导+社会协同”，增强各级政府在财政上的投入和协调力度，建立以政府财政预算为主要资金来源，辅以专项资金和社会投资的多元化资金保障体系。同时，完善省部联动及“政银”合作模式，争取国家部委的专项资金支持，吸引多种金融资本进入，吸纳社会投资，以促进基础网络设施、云计算平台、大数据处理平台和数字化应用平台的构建与运营。

二、发挥社会资本作用

借助市场化手段，为那些与基金扶持方向相符的数据产业项目提供援助，以此推动大数据产业的创新发展。将继续规范数字政府项目的预算编制和资金使用管理，并持续优化各级财政资金购买服务的机制和流程。为了构建一个全链条、

组合式的投资基金体系，将设立一系列面向数字化新兴产业的天使投资基金、市场化产业并购基金，以及政策性高端技术产业研究投资基金。这样的体系将对数字经济产生梯次效应和叠加作用。积极运用政府和社会资本合作（PPP）等模式，鼓励和引导社会资本参与到重大项目建设中来。为了加强项目的开放性和民间资本的参与度，将统一 PPP 项目库和专家库，进一步开放数字政府和智慧城市项目，热烈欢迎民间资本进入。

第十三章　数字政府建设的重点任务

第一节　夯实数字底座，培育融合创新大平台

一、提升政务云网公共支撑能力

全面完善和延伸电子政务网络，突出资源整合、集约建设，建成安全可靠、统一高效的政务网络体系。依托政务云平台体系，建设可信政务云，提供统一高效的计算、存储等服务。

（一）推进电子政务外网扩容升级

加快推进电子政务外网升级，全面完成城域网及广域网升级改造，进一步提升网络覆盖范围。改造扩容电子政务外网，建设市、县骨干网络，分级进行电子政务外网城域网建设和统一互联网出口。实现5G和光纤双千兆到市县、百兆到乡镇，横向拓展网络覆盖范围，实现应连尽连。聚焦移动政务、公共安全、应急通信、社会管理、重大活动保障等应用场景，利用5G补充增强现有政务网络资源，提升政务外网无线服务能力。扩展IPv6规模化部署，建设网络管理平台，持续提高外网智能化管理水平和安全服务能力。

（二）优化电子政务内网集成应用

按需扩大电子政务内网覆盖范围，提升内网管理水平和网络应用效能。推动业务信息和电子文件交换、协同办公等应用系统互联互通，提高跨部门业务协同和应用集成水平。建立健全政务网络接入、政务云服务、安全保障能力等相关技术标准规范，完善政务内网综合运维管理体系，提升运维保障能力。

（三）强化政务云服务能力

建设可信政务云，推动安全可靠的服务器、存储系统、网络、云操作系统等

在政务云的应用，提升安全可控水平。盘活公有云存量资源和部门资源，扩展完善政务云基础平台和部门整合平台。有序推动非涉密政务信息系统向可信政务云迁移。强化云资源精细化管理，从资源申请、使用、撤销等环节进行全面管控，提升资源利用率和使用效率。遵循政务云平台标准规范，按照云灾备架构设计，完善政务云灾备体系建设。

二、完善一体化大数据中心

依托全国一体化算力网络总体部署，提升政务大数据中心在“群—城”互补、“云—边”协同中的作用，通过算力供给提高政务数据质量，全面支撑数字政府建设。

（一）强化一体化大数据中心建设

按照数据资源中心统一标准规范要求，提升政务大数据中心支撑能力，强化数据分析服务能力，为各地各部门数据采集、管理、使用提供产品化、标准化支撑。加强国、省级数据回流基础库建设，持续完善自然人库、法人库、空间地理库、信用库和电子证照库等基础库。建立政务大数据中心横向连通各部门的运转机制，实现市县两级数据跨域高效流转，支撑范围内政务数据资源跨部门、跨层级高效、便捷、安全共享。

（二）推进政务数据有序共享

按照数据资源目录、汇聚及保障数据安全的流程和责任机制，探索权威高效的数据共享协调机制，加强与省数据资源中心的对接互通，强化与国务院部门垂直管理业务系统和省建系统的对接，推动数据共享，为“跨区域通办”提供有力支撑。完善数据资源共享目录，明确各部门数据共享职责，加强对共享数据的动态管理。依托一体化大数据中心，推动各级政府部门和企事业单位业务系统接入，实现市区两级目录、数据、业务流程的平滑对接。加强基层数据供给，提升各层级数据共享水平。

（三）持续提升政务数据质量

依托数据架构建立数据治理管理架构，保证数据采集、汇聚、存储、共享等各环节的数据质量，明确职责要求，建立健全数据全生命周期质量管理体系。以业务需求和集成应用为导向，组织各地各部门持续开展数据治理。依托政务信息化标准体系建立数据治理标准体系，提高数据质量，提升汇聚数据的准确性，促使数据更丰富、质量更高、共享更及时。完善数据质量评估标准和问题反馈机制，实现数据全生命周期的闭环管理。

三、建设协同高效平台支撑体系

强化信息技术创新应用，充分利用公共支撑平台，整合构建公共平台支撑体系，提升多领域政务管理、服务能力。

（一）推进“城市大脑”建设升级

以现有信息化成果为基础，基于一体化政务服务平台和政务数据共享交换平台，以场景应用和需求为导向，建设智慧治理中心，打造立体可视和智慧精准的“智慧大脑”，深化数资源汇聚、治理和场景式开发利用，实时监测城市运行状态，保障城市平稳运行。完善涵盖业务层、数据层的标准接口体系，落实新建政务信息系统与标准接口的对接，推动实现政务信息系统与标准接口的适应性改造。

（二）集约建设基础支撑平台

按照数字政府统一技术架构体系和技术支撑平台，为应用系统提供连接、计算、分析等技术支撑。使用省级身份认证、电子证照、电子签名等平台系统，实现用户通、证照通、支付通等便利化功能。

（三）建设大数据资源治理平台

建设统一的数据资源治理平台，通过资源治理平台对接共享交换平台，梳理接入系统数据资源，强化数据资源、云资源、网络资源全生命周期管理和调度，实现资源集约化、数据流动化、业务创新化、服务一体化和监管协同化。

四、巩固网络安全防护体系

严格落实网络安全工作责任制和国家相关制度要求，完善关键信息基础设施和加强政务信息系统安全防护，建设完善“多维联动、立体防护”的政务网络信息安全体系，筑牢数字政府建设安全防线。

（一）提升基础设施安全防护能力

按照部署，落实关键信息基础设施保护制度和网络安全等级保护制度，进一步完善信息安全管理机制。确保外部单位与云平台以及云平台不同业务之间的安全隔离，着力探索无线政务专网、政务物联网、国产政务云、边缘计算平台、区块链基础平台等新型基础设施安全防护体系建设。构建覆盖物理设施、网络平台、应用系统、数据资源的安全技术防护体系，全面实现政府系统网络安全监管一体化。

（二）强化数据安全和隐私保护

提高数据信息保护技术水平，实施统一、协同联动的安全监管和应急机制，开展数据资源安全维护工作。强化政务数据安全管理，避免政务数据被违规截留和商业化使用。探索通过使用区块链等技术，解决数据共享中的隐私保护问题，达成数据“可用不可见”。持续开展政务云服务评估，强化政务数据安全保障。

（三）加强一体化安全管理和运营

明确安全责任边界，落实网络安全工作责任制，形成多部门协同共管的网络安全管理和运行机制，构建云网端全覆盖、市区联动、安全防护有力的网络安全管理体系。建立网络安全分级管理和常态化实战演练机制。加强密码应用安全性评估工作。以各地、各部门安全需求为导向，构建数字政府一体化安全运营平台，强化与政务网络的协调联动。完善风险监测模型，利用大数据分析、自动化编排等技术，进行集中化、自动化、智能化的安全运营，全面提升风险检测能力和应急响应处置能力。

第二节　加强数据治理，探索要素资源大市场

一、提升数据共享交换能力

围绕数据资源全生命周期治理，整合跨层级、跨地区、跨部门的数据服务和数据应用，持续深化政务数据高水平共享交换、公共数据开放利用和政企数据互通共享。

（一）完善数据共享开放制度流程

优化完善政务数据共享协调机制，加快推进数据有序共享，按需推进数据供需对接、规范使用、争议处理、安全管理、技术支撑等相关制度的完善。参照省级共享交换标准规范，推动完善市级数据共享交换平台，实现向下覆盖各县级和功能区，向上与省级平台互联互通、数据共享。完善平台功能，实现数据注册、集中发布、便捷检索、挖掘分析、多样接口、安全存储等功能。加强各业务部门视频系统、城市基础设施感知资源的统筹整合。

（二）优化完善政务数据资源目录

按照数据资源目录梳理、编目和更新要求，持续开展数据目录动态维护。明确公共数据开放清单，进一步落实数据共享需求清单、责任清单、负面清单，实现政务数据信息资源资产全量登记、动态管理。以“一数一源”为目标，健全数据质量标准规范，统筹部署与基层实践创新相结合，实现目录标准化，确保数据全面、及时、准确、安全。

（三）提升数据共享交换质量

建立数据共享协调机制，统筹党政机关、事业单位、科研机构、职业院校、企业、行业协会等的重点数据资源，持续扩大数据共享交换规模和覆盖范围。依托省级政务数据向市（州）回流机制，强化数据共享开放平台功能，实现省管数据在域内充分共享、协同应用。建设数据治理平台，实现数据资源产生、采

集、存储、交换、加工、整合、使用、反馈等环节的统一管理。建立科学合理的政务信息资源共享管理和绩效考核机制，依托政务服务“好差评”系统的评价结果，定期开展数据共享交换绩效评价工作。

二、强化数据资源高效汇聚

加快推进政务数据资源汇聚，以场景应用为导向，完善基础库和重点领域专题库，推进市级政务数据下沉和区县数据按需采集上报，推动市县两级政务数据的双向流动。

（一）持续完善基础库

按照省、市共建共用原则，完善人口、法人单位、自然资源和空间地理、社会信用、电子证照等基础数据库。以市县两级业务领域应用为导向，建立基础数据库联动运维机制，强化数据质量管理和融合应用，落实新建系统与基础数据库的对接，逐步完成存量系统与基础库的适配对接，实现基础类数据同一入口、同一出口、统一管理。

（二）优化建设主题库

在完善基础库的基础上，结合省市“一网统管”“一网通办”等工作要求，加强统筹规划，围绕部门业务主线，汇聚整合关联数据，加快建设宏观经济、政务服务、社会治理、生态环境、民生保障等重点领域主题库。整合跨部门政务数据资源，依托管理服务对象、资源等基本信息，按需建设法治数据库、公共视频资源库、统战数据库等，全面提升数据资源汇聚能力。

（三）按需建设专题库

以应用为基础，推进行业数据与业务领域专题库数据有效对接融合，建立医疗、交通出行、电子商务、物流运输等行业专题库。引导企业、行业协会、科研机构等建设行业性数据资源平台，推动先进材料、生物医药、食品饮料、轻工服装等优势产业开展行业数据标准化采集，在制造、金融、教育、医疗、文旅等重点领域深化人工智能创新应用和数据汇聚。

（四）促进数据高效流通

探索建立公共数据服务平台，优化特色数据细分领域，建立安全可信、管理可控、来源可溯的数据流通环境。探索数据有序流通机制，促进数据资源跨域汇聚和流通。推进公共服务、金融服务、医疗卫生、产业发展等方面数据的流通应用。

三、推动数据有序开发利用

整合跨层级、跨地区、跨部门的数据服务和数据应用，依法有序向社会开放数据资源，推进公共数据与社会数据的融合创新和开放应用，最大限度地释放政府数据红利。

（一）开展公共数据全生命周期管理

建立公共数据资源周期性普查机制和信息化项目数据资源常态化登记机制，强化统一扎口管理。围绕政府数据“聚、通、用”，建立健全公共数据资源管理体系，加强数据资源全生命周期规范化管理。建立统一协调的公共数据资源开发利用组织架构，探索建立分行业、分场景的可控数据开放机制，逐步构建公共数据分级分类开放目录和动态更新机制。加快推进数据要素市场化配置改革，深入推进首席数据官制度，探索实践数据经纪人发展机制，促进数据要素市场化流通。

（二）强化公共数据开放开发利用

按照政务数据分级分类有序开放原则，优先推动企业登记、卫生、教育、交通、气象、医疗、就业等领域数据集向社会开放。推动公安、人社、自然资源、交通、税务、城管、不动产登记、金融和公共资源交易等重点领域数据资源的开放共享利用，赋能数字经济发展。建立完善数据资源开放标准规范，依托公共数据开放平台和开放网站，促进各类数据资源开放利用。

（三）推动政务数据与社会数据融合创新

探索构建政务数据与社会数据开放共享新模式，开展政务数据授权运营试点，鼓励第三方深化对公共数据的挖掘利用。依托数字创新大赛，充分挖掘资源，突出地方特色，开发兼具创新性与落地性的数据应用，推动全社会利用政府开放的数据创造价值。

第三节　深化“一网通办”，打造普惠服务大体系

一、推动政务服务提质增效

深化数据互联互通，拓展基于国家及省级政务平台的本地化应用，巩固智慧政务成果，持续推进有特色的“云端集成、一网通办、一次办好”的政务服务改革，提升“一网通办”水平。完善“一次办成一件事”服务模式，实现政策自动推荐和服务自动匹配。进一步优化业务流程，提升跨部门业务的协同能力。加强和规范受理、审批、发证、监管等各环节的综合管理，提升全域政务服务标

准化水平。全面创建“无证明”城市，为企业和群众办事提供最大的便利。

（一）深化省级政务平台的本地应用

积极衔接省系统平台，融合线上与线下办事渠道，建立统一“互联网+政务”的本地应用，依托统一政务云平台，积极拓展本地特色应用，构筑完备的“省级统一应用+本地特色应用”的政务服务体系，不断提升群众、企业获得感。以省一体化政务服务平台等为依托，突出本地特色应用事项，全面落实“省内通办”事项，持续深化省级政务服务载体的本地应用，提升服务事项覆盖范围，实现高频民生事项和涉企事项“掌上办”“一码办”。

（二）优化“一件事一次办”主题集成服务

按照统一的“一件事一次办”工作部署，持续梳理“一件事”事项清单，提升以办事人为中心的全生命周期事项汇聚水平，系统性再造业务流程，不断推出“一件事”主题服务，扩大“一件事”广度和深度。聚焦民生、产业发展、执法监管等重点领域，针对高频、热点主题服务场景，全面分析自然人、法人全生命周期事项，及时推送政策及服务信息，提升政务服务智能、精准推送的能力。完善“一件事”主题服务的前后端信息化支撑，以移动服务平台、政务服务网、一体化政务服务平台等为基础，实现对“一件事”主题服务的网上办理、窗口受理、分发审批、结果归集的全链条支撑，兑现“一套材料、一个指引、一套流程、一个指南、一窗受理”，力争打造有影响力的“一件事”模范。

（三）持续优化业务流程

依托数据共享治理成果，不断挖掘政务服务事项管理系统的服务潜力。开展“全程网办”服务优化改革攻坚，对本地高频政务服务事项进行梳理，优化业务办理流程，提升跨部门、跨地区、跨层级的政务服务水平。深化政务服务事项标准化工作，推动政务服务事项标准线上线下深度融合，实现政务服务事项“应统尽统”与改革创新有机统一。依托现有政务服务平台，通过流程优化、业务协同，广泛应用二维码、电子证照、电子签章、电子档案等，推进高频事项实现全程网办，按照“成熟一批、发布一批”的原则，梳理办件量大、办事频率高、条件较成熟、与群众和企业关系紧密的政务服务事项，在全域范围内逐步实现政务服务事项无差别办理，确保政务服务事项“通办”比例领先。

（四）深化行政审批制度改革

对全域高频行政审批事项进行深入梳理分析，全面落实市场准入负面清单制度，严格落实“全国一张清单”管理模式，推动“非禁即入”普遍落实。建立完善市场准入负面清单与现有行政审批流程有效衔接机制，持续优化管理方式。紧扣全域重要经济民生领域，推进行政审批事项事权下放，持续深化“证照分离，照后减证”改革，简化审批程序。运用区块链、人工智能等新技术，实现办事情形智能预判、智能联办。持续提升行政审批效率，提高不动产智慧服务水平，推进市场监管领域审批业务秒批秒办，推广“免申即享”服务应用，推动全域智能化服务效能全面提升。

（五）推进“无证明城市”建设

持续开展证明事项清理工作，建设减证便民服务平台，通过直接取消、告知承诺、数据查询、部门核验等方式实现证明事项的“无证明”办理，实现需开具证明事项显著减少。扩展电子证照、电子签名等的应用场景，通过政务数据共享集成，大幅减少群众的资料填报，提升网办效率。推进档案数字化，建立一站式调档用档库和档案利用互信互认机制，提供优质服务，真正实现高频服务事项零跑腿、免证办，逐步建设共建共享“政务服务网上档案馆”。推进企业档案自助服务平台建设，为企业提供带有签章和防伪水印的电子档案查询、拷贝服务，实现“一次拷贝，终身使用”，提升企业档案查询的实效性和便利度。

二、促进公共服务普惠均等

运用数字化手段创新公共服务提供方式，充分发挥网络化、数字化技术促进政府公共资源优化配置的作用，推动包括教育、民政、人社、交通、文旅体育、医疗、医保、未来社区在内的数字化应用建设，创新服务模式，拓宽服务渠道，推出一系列公共服务微改革。围绕出行、就医、消费、文娱等高频事项和服务场景，推出适应老年人、残疾人等特殊人群需求的智能化服务。探索以社会保障卡、“健康码”为载体的公共服务“一卡通”“一码通”，率先在医疗卫生、交通出行、旅游观光、文化体验等方面探索推进公共服务互通互认。完善优质公共服务资源统筹共享机制，提升民生保障数字化水平。有效改善公共资源供需失衡、布局不均的问题，综合推进公共服务精准化、均等化、普惠化、便捷化。

（一）提升医疗卫生数字服务

健全全民健康信息服务体系，推进电子病历、居民健康档案和全员人口数据库的融合共享，助力实现便民服务、疾病预测和科学决策。推动检查结果互联互通互认，基于卫生健康云打造区域影像云和云胶片，探索区块链融合应用，拓展卫生健康领域特色云服务。开展远程医疗服务，提升基层医院信息化水平。推广电子健康码应用，逐步取消医院就诊卡，实现“一码通用”。建设居民电子健康档案数据库，加强基本公共卫生服务、医疗服务、健康体检等健康信息整合归集，有序推进居民电子健康档案开放查询试点，助力自我健康管理。

（二）提高教育教学智慧水平

加强教育资源公共服务平台和系统整合，构建数字教育资源公共服务体系，引入“平台+教育”服务模式，提升数字教育资源服务供给能力。加快5G、大数据、人工智能等新技术在教育教学中的应用，建立优质数字教育资源共享机制。探索差异化教学、个性化学习、精细化管理、智能化服务应用，推动教育决策科学化。

（三）完善社会保障数字化应用

着力推进“互联网+智慧人社”应用创新，积极与公安、税务、民政、教育、卫健委等部门共享数据资源，为企业和大学生、务工人员等提供精准、便捷、高效的服务。提供“互联网+就业”服务，拓展在线职业培训应用，提升就业困难人员的素质与技能。推进“互联网+公积金”建设，对核心业务办理流程进行优化，加强数据共享，提升公积金服务的水平。推进医疗保障信息系统建设，加强医保运行、管理、服务的信息化支撑能力。加速开展医保电子凭证应用工作，方便群众结算。探索以社会保障卡为载体的“一卡通”服务管理模式，推动社会保障卡线上线下应用融合，全面提升社会保障数字化应用的服务能力。

（四）增强民政公共服务能力

建设民政综合信息平台，有效整合卫生健康、社保、医保等有关数据，提升全域民政机构工作效能和服务水平。加快建设全域统一的养老云平台，为老年人提供线上信息化、线下实体化服务。拓展民政重点领域应用，积极探索“互联网+”在社会救助、儿童福利、社区服务、婚姻登记、区划地名、殡葬服务、志愿服务、社会组织等领域的推广，进一步落实民政服务精准化。优化业务流程，强化业务协同，打通民政服务“最后一公里”，切实发挥民政在社会建设中的兜底性、基础性作用。

（五）推进“智慧交通”建设

推动境内的高速公路服务区、主要高速公路路段、高铁站实现5G覆盖。积极探索“大数据+综合执法”。积极探索城乡公交智慧站点建设，优化群众出行候车体验。建设适用于“市—县”两级部门公路业务协同办理、“建管运养一体化”的公路交通综合信息平台。

（六）推进“数字工信”应用

建设“工业信息化服务平台”，实现对规上工业和支柱产业走势以及产能、工业投资项目、工业技术改造投资项目、工业园区集聚地建设、制造业数字化转型等情况的汇总分析，准确把握工业、主要行业及重点企业的发展情况和波动趋势并预测预警，通过系统辅助生成相关的经济分析报告，提高经济运行监测分析工作效率和科学决策水平。

（七）优化文体旅游品质服务

统筹全域公共文化设施布局，推动基层综合性文化服务中心建设，加强文化惠民项目与群众文化需求有效对接。有效整合全域各类体育资源，建设体育场馆综合服务平台，充分连接全域体育产业与用户，实现对体育设施资源的“一张图”管理，促进全域体育文化传播与交流。持续完善旅游公共信息和咨询管理平台建设，聚焦智能化管理、精准营销、全领域用户引流等应用，改善旅游企业运营，提高旅游监管服务质量。打造智慧景区、智慧酒店和智慧旅游乡村，让游客消费更便捷，从而拉动旅游产业发展。拓展完善“一部手机游全域”掌上应用，推出智慧旅游服务系列应用，全面提升游客的旅游体验。

三、推动营商环境持续优化

加强线上线下业务融合，优化企业一站式集成服务，深化商事登记制度改革，持续提升企业开办、变更备案、企业注销、证照联办等事项线上“一网通办”水平。采用“区块链+电子劳动合同”模式，打通人社、法院、检察院等数据，实现全流程无纸化办案，提升合同执行、商事纠纷解决的便利度。打造服务高效、管理规范的营商环境样板区域。

（一）深化“全链条”商事登记制度改革

探索推广“区块链+AI”全程电子化商事登记，优化部门间数据共享，推动企业开办全环节、全链条审批联动，提升商事登记服务质量和便利化水平。推进企业简易注销登记改革，依托现有政务服务平台，建立全流程一体化企业注销登记服务平台，拓展企业简易注销登记使用范围，建立容错机制，为企业退出市场提供更加便利化的服务。推行“证照分离”改革，对事项清单实行动态管理，提升涉企经营许可全流程网上办理能力。开展“一照通行”“证照联办”涉企行政审批服务改革，持续优化及拓展智能“秒批”服务，推动更多企业开办事项“秒批即办”。

（一）推进公共资源交易全流程电子化

加快构建规则统一、公开透明、服务高效、监督规范的公共资源交易体系，进一步完善公共资源交易平台功能，推动公共资源交易从依托有形场所向以电子化平台为主转变，逐步实现各类公共资源交易全程电子化。推进公共资源交易信用指数体系建设，将交易主体信用评分结果应用于项目评标，切实优化公共资源交易市场环境。分类规范公共资源交易服务事项，推进公共资源交易多项业务合并，实现“一表申请”，进一步减免办事材料，不断提高服务事项网上办理比例。依托省公共资源交易平台，推进政府采购全流程数字化，实现政府采购规范化、标准化、智能化，提高政府采购质量和效率，有效降低企业交易成本。

（三）推动不动产登记信息集成应用

梳理不动产登记事项清单，压缩办理时限，实行不动产登记、交易和缴税“一窗受理”及并行办理。建设不动产登记信息平台，健全全域不动产登记相关信息协同共享机制，推动不动产登记全流程信息共享集成，实现多部门联合审批。加强不动产登记事项在互联网上的办理，推广使用不动产登记电子证照，构建 24 小时“不打烊”的不动产登记“线上办”服务体系。

（四）优化项目审批、管理和监管服务

建设市固定资产投资和重点项目综合管理平台，实现项目管理信息化、智能化、网络化、可视化。依托一体化工程建设项目审批平台，梳理市、县（市、区）两级工程项目审批事项，进一步推进工程建设项目审批制度改革，加快推动各个阶段审批事项“一网通办”、“不见面”审批。制定并公开事项审批要点和正负面清单，积极实施容缺预审、模拟预审，逐步实现项目全过程动态监控和监测预警。

（五）提升税费缴纳便利化水平

深入开展“互联网+税务”行动，持续完善涉税费事项“零跑动”清单，简化办税流程。加快建设电子税务局应用，实现清单内事项全程网上办理，实行实名制办税，实现自主查询、扫码办税、网上更正、退税申请、退库办理等业务网上通办。推动税务大数据应用，打造税收数据服务平台和数据管控平台，提供统一的数据服务和全生命周期数据管理，促进税收数据资源深度开发利用，实现发票使用全免费、管理自动化。

四、完善政务服务配套体系

构建统一规划、统一建设、统一管理、授权使用的数字政府管理运转服务支撑体系，有效提升政务管理服务综合能力。

（一）推动政务大厅智慧化升级

综合应用大数据、云计算、人工智能等技术推动区域行政服务大厅智慧化升级，推出主题服务、智能审批、秒批秒办政务服务，助力政务服务一窗通办、一网通办、全程网办、全城通办、跨域联办。坚持用户导向，加快政务服务网点服务社会化、跨区服务通办化、窗口队伍职业化，推动智慧政务服务向“全域化”延伸拓展，打造标准化、无差别化服务大厅。

（二）建立整体服务运营体系

依托“城市大脑”，建设集约灵活和智慧高效的政务服务中心，由市大数据中心协调、市政务服务管理局承担运营，开展全域政务服务工作。强化专业化队伍培养，为政务服务运营提供长期、稳定的服务支撑。基于一体化政务服务平台和政务数据共享平台，聚焦用户体验，创新服务模式，持续优化系统基础功能，完善涵盖业务层、逻辑层、数据层的标准接口体系，对接市、县两级政务部门智慧应用和数字政府建设需求。整合“12345 政务服务便民热线”，建设网上群众路线“总平台”。

（三）建立统筹集约业务协同体系

按照“统筹、共建、共享”的原则，建成高效的四级协同联动体系，持续提升业务协同服务水平。深化政企合作模式，加快推进政银合作，将银行网点渠道共享、整体移动App建设、多点线下服务大厅建设、智能服务终端等应用融入智慧政务建设中。

（四）推进政务服务“好差评”工作

优化政务服务“好差评”系统，简化评价流程，提高群众评价积极性，完善“好差评”全流程闭环式运作，推动“好差评”制度覆盖政务服务、公共服务和行业便民服务领域。加强对评价数据的综合分析，主动识别、精确化解堵点和难点问题，推进精细化的政务服务供给，提高信息化系统的服务水平和效率。完善激励约束，推进“好差评”评价结果与政府各类考核考评挂钩，把群众意见作为评价政府绩效的主要依据。

第四节　推进“一网统管”，构建协同治理大系统

一、提升科学有效的经济调节能力

强化数据资源在经济调节中的综合运用，提高经济运行监测分析、预测预警、目标设定、政策制定与评估能力，增强经济调节的前瞻性、针对性、协同性。

（一）加强重点领域信息化建设

推动财政、审计、统计等领域的数字化建设，支持利用数字化技术和工具优化业务流程，支撑经济调控决策、经济社会发展分析、投资监督管理、财政预算管理等领域的数字化建设。围绕财政大数据，构建形成集数据治理、存储、共享、应用支撑等功能的一体化财政大数据底层平台。促进各行业审计数据的汇聚，加强审计大数据技术的应用推广，逐步提升审计监督的科学化水平。

（二）提升“产业支撑”数字化能级

打造数字产业化支撑能力，夯实“工业挑大梁、制造业扛大旗”的产业发展基础，以数字化能级提升制造业主体地位，发展现代服务业，夯实现代化产业基础。依托“工业云图”，围绕地区发展、重点项目投资、工业数字化转型、财

税收支等，构建经济运行监测体系，建立经济运行态势感知和数据资源标准，全面掌握经济运行状态，支撑产业结构优化和政策落地。完善中小企业服务信息化平台功能，汇聚政府、企业以及社会资源，打造惠及中小企业的“一站式”涉企服务生态体系。

（三）强化国有资本数字化监管

依托国资监管综合平台，全面建成国资国企在线监管平台，实行全程、实时、动态监督，提升国资监管科学化、精准化、高效化水平。加快推进企业管理制度化、制度流程化、流程信息化、信息智能化，支持重点企业加快数字技术全流程应用，建立数字化经营管理标准和体系。依据国资监管数据标准规范，探索建立监管数据汇集共享机制，促进数据跨层级、跨区域、跨部门共享。

（四）运用大数据强化经济监测预警

加强宏观经济分析，强化对经济政策和重大决策实施效果的监测分析。推广面向新产业、新业态的数据分析应用，为优化产业结构和制定产业政策提供量化依据，提高经济运行质量和经济发展韧性。构建经济运行监测体系，建立经济运行态势感知标准，从产业、行业、区域、时间等维度掌握经济运行状态，强化风险预警，支撑产业结构优化和经济政策制定，提高逆周期调节能力。

二、强化多元立体的市场监管能力

充分运用数字技术，构建以信用为基础的新型监管模式，加强市场监管信息化建设，强化安全监管、重点领域监管、质量监管等，建立全方位、多层次、立体化监管体系。

（一）以数字化手段提升监管精准化水平

强化监管事项清单数字化管理，综合运用多领域数据为市场主体精准画像，强化风险研判与预测预警。推动各领域主管部门利用数字化技术和工具创新监管方式，实现监管数据可比对、过程可追溯、问题可监测，及时动态掌握监管对象运行情况及其规律特征。探索通过物联网、视联网等远程、移动、非接触式监管方式提升执法监管效率和预警防控能力，根据企业信用实施差异化监管。建立行业风险监测预警模型，及时发现防范苗头性和跨行业跨区域风险。针对食品、药品、疫苗、医疗器械、特种设备等重点产品，建立健全以产品编码管理为手段的追溯体系，实现重点领域的全主体、全品种、全链条数字化追溯监管。

（二）以一体化在线监管提升监管协同性水平

深入推进“互联网+监管”应用，构建监管事项全覆盖、监管过程全记录、监管数据可共享、监管结果可追溯的智慧监管体系。强化市场监管、文化市场、生态环保、交通运输、农业五大综合执法领域工作的有效衔接，推进综合行政执法改革，加强日常监管结果在综合执法工作中的运用，促进行政执法与刑事司法领域衔接。加快完善社会信用体系，推进社会信用信息平台建设，实现各部门、各行业的信用信息归集、治理、公开、共享。

（三）以新型监管技术提升监管智能化水平

充分运用非现场、物联感知、掌上移动、穿透式等新型监管手段，提升监管效能。加强对消费品、食品药品质量安全等重点领域的监管，利用物联网、射频识别、区块链等技术，建立食品药品等重要产品、商品追溯体系。加快推进药品智慧监管，建立覆盖全品类、全业务、全流程的“智慧药监”信息化平台。加快推进市级药品品种档案系统建设，加强药品监管数据资源汇聚共享。

三、提高智能精细的社会治理能力

以创建全国市域社会治理现代化试点合格城市为抓手，推动社会治理模式从单向管理转向双向互动，从线下转向线上线下融合，着力提升治安防控、公共安全、基层社会治理、数字乡村等领域的数字化治理能力。

（一）创新市域社会治理模式

完善平安建设工作协调机制，健全党委领导、政府负责、民主协商、社会协同、公众参与、法治保障、科技支撑的社会治理体系。采用“试点+全域”的路径，围绕市、县、乡三级治理体系建设，推动“一站式”解纷服务落地基层。按照“平安”建设和社会治理现代化需求，建立健全社会公共安全治理信息资源目录，完善覆盖全域的网格化服务管理信息系统，建立覆盖城乡治理全过程的标准体系。

（二）提高科学化矛盾防范化解能力

坚持和发展新时代“枫桥经验”，建立健全诉源治理机制，加强矛盾纠纷源头防范，健全社会矛盾预警、诉求表达、协商沟通等机制，为人民调解、行政调解、司法调解“三调”联动提供全程智能化服务。发挥党建引领、群团助推、社会组织的作用，健全矛盾纠纷“一站式”多元化解机制，通过“平台+机制”引导公众广泛参与社会治理。

（三）推进社会治安防控体系智能化

加强社会治安防控体系建设，在现有系统整合优化的基础上，推进视频云平台、公安大数据平台、网络安全平台、流动人口和出租屋信息平台等的建设。推动视频图像与业务深度结合，实现公共安全、社会综合治理数据集中管理，支撑视频云图像在社会管理重点领域的综合应用。开展“雪亮工程”和建立公安大数据智能化平台，强化政务与警务数据共建、共管、共用，提升数字化手段在维护社会稳定、打击犯罪、治安联动等方面的作用。

（四）推进智慧应急建设

推进应急感知和通信网络体系建设，实现有线、无线、卫星通信等各类应急通信网络的全域覆盖。面向新时代应急管理系统性风险，建立市县两级应急指挥中心，打造应急指挥“一张网”，支撑跨部门、跨区域、跨层级的融合应急指挥。依托各类监测感知数据，构建多领域风险监测指标和监测预警模型，提高应对多灾种和灾害链的综合监测预警能力。优化瓦斯监测监控和井口视频监控，实现政企并网运行、互联互通，提升安全生产监测水平。建立消防应急救援联勤联动机制，强化制度落实和数据共享，以满足灭火救援、装备建设、队伍管理和监督执法等需求为目标，强化住建、自规、公安、气象、交通、经信、卫健、市场监管等部门的联勤联动。

（五）提高基层治理精细化水平

完善网格化服务管理，实现对网格内“人、地、事、物、情、组织”的全天候、实时化、动态化、全周期服务管理。打造基层管理综合平台，加大物联网、大数据、区块链、遥感遥测、视频监控、导航定位等技术在安全生产、生态环境、公共卫生、应急维稳、防灾减灾、城市运行管理、乡村治理、基层统战等领域的综合应用，实现多元参与、共建共享，提升网格化服务管理水平。推进智慧社区、智慧小区建设，打造党建引领、社区服务、社区治理有机融合的智慧化治理体系。

（六）推动数字化赋能乡村振兴

深入实施乡村振兴和数字乡村发展战略，加快提升乡村“互联网+政务服务”水平，推进政务服务一体机基层覆盖，拓展移动政务服务，推动农业农村特色服务入驻。以农村居民需求为导向，大力发展乡村“互联网+公共服务”，提高乡村教育、医疗、社保、生态、文化等领域信息化水平。巩固脱贫攻坚成果，实现与乡村振兴的有效衔接，完善农村电商平台，畅通农产品营销渠道。加强对农村的数字化改造。

四、深化文化治理能力

推动公共文化数字化，促进文化资源与技术深度融合，集成运用先进科学技术，形成线上线下融合互动、立体覆盖的文化服务体系。

（一）发展数字化文化消费场景

集成全息呈现、数字孪生、多语言交互、跨时空等新型体验技术，提供线上线下一体化、在线在场相结合的数字化文化体验。充分利用学校、图书馆、文化馆、博物馆等文化教育设施，整合旅游服务场所、社区、购物中心、城市广场等公共场所资源，搭建数字化文化体验线下场景。利用现有公共文化设施，增强数字化文化体验，巩固和扩大数字化创新成果。

（二）增强文旅品牌竞争力

集中做响做亮旅游品牌，大幅增强城市知名度和美誉度，带动全域文化旅游产业发展能级显著提升。通过文化景观公路等形式将重要旅游节点有机融合，丰富文化体验，实现产城景一体化发展。依法向公众开放公共文化资源数据，构建与文化数字化建设相适应的市场准入、市场秩序、技术创新、知识产权等相关政策法规体系，探索提供平台化、集成化、场景化增值服务。

五、提高生态环保的协同智治能力

以争创国家生态文明建设示范区和理论实践创新基地为导向，推动生态环境保护数据资源开发利用，提升生态环境承载力、国土空间开发适宜性和资源利用科学性，形成及时感知、全面互联、多元共治的生态环境数字化治理体系。

（一）提升生态环保协同治理能力

加强生态环境领域相关部门的合作，加强数据管理和监测平台的共建共享，建立数据资源统筹管理和共享制度，建立统一规范的生态环境主题数据库。充分运用物联网、大数据、云计算、“互联网+”等先进技术手段，完善生态环境监测网络，实现环境监测、环境质量评估、环境风险预警和环保执法的综合集成，提高常态环境监管的准确性和透明度，降低环保监督执法的人力消耗和工作压力，提高环境常态监管成效。强化大气、水、土壤、自然生态、气候变化等数据资源综合开发利用，推进治污、生态修复、环境健康等重点领域协同治理。依托省、市、县三级互联互通的信息化平台，深入挖掘生态环境数据资产价值。

（二）提高自然资源利用效率

依托国土空间规划和森林资源“一张图”，开展林地占用、林木采伐、公益林管理、森林经营、监督执法等森林资源和生态建设领域业务管理。实现环境管理过程中各类信息的快速感知、全面汇集、融合共享、深入挖掘和多维分析，建立健全数字化自然资源调查评估监测体系，推进山、水、林、田、湖、草的系统修复和综合治理。推进林长制信息化建设，加快对各类自然保护地的整合优化。加快推进森林生态系统休养生息、矿山生态修复等重点工程的数字化进程，提升自然资源开发利用、国土空间规划实施、水资源管理调配水平。

（三）推动绿色低碳转型

探索具有特色的资源型地区高碳产业低碳发展路径，构建碳排放智能监测体系，完善财税、价格、金融、土地等支持政策，推进碳排放权交易改革，推动生态资源经济加快发展。选择基础较好的区域开展低碳社区试点建设。加强生态共保共享，协同推进重要区域等数字化绿色生态廊道共建，形成集约节约、循环高效、普惠共享的绿色低碳发展新格局。

第五节 强化“一网协同”，建设政府运行大枢纽

一、创新数字政府建设管理

运用数字技术优化行政管理的制度规则，推进各级部各部门规范有序运用新技术手段赋能管理服务，保障数字政府建设和运行整体协同、智能高效、平稳有序。

（一）提升数据辅助决策能力

建立健全大数据辅助科学决策机制，综合利用数据关联分析、数据建模等技术，加强对业务领域数据的挖掘分析。推进决策信息资源系统建设，充分汇聚整合多源数据资源，开展分层分级应用的研判分析、综合指挥、高效处置及监督管理，实现党政机关谋划、决策、执行、督查、反馈等方面的数字化协同。聚焦经济调节、市场监管、产业发展、城市管理等领域，深化重点业务系统应用，拓展动态监测、趋势研判、风险防控等应用场景。

（二）完善政务信息化建设管理会商机制

借鉴先进省市的数字政府建设经验，推进建设管理模式创新，结合实际情况，探索开展综合论证、联合审批、绿色通道等项目建设管理模式。业务技术部门参与相关业务运行全过程。出台相关政策，鼓励“政产学研用”等多方力量参与数字政府建设。加强审计监督，强化项目绩效评估，避免分散建设、重复建设，切实提高数字化改革成效。

二、提高政务协同运行效能

聚焦机关运行数字化创新，加快机关内部“一件事”集成改革，一体化、深层次推动数据驱动的党政机关管理运行改革创新，推进机关办文、办会、办事“网上办、掌上办”，形成各级党政职能部门核心业务全覆盖的数字化工作体系。

（一）提升党政机构协同办公水平

按照一体化政务协同办公平台的建设部署，立足各业务领域需求，优化完善市统建的政务协同办公平台功能，打造集约化、规范化、智能化、个性化的政务协同办公体系。持续提升软件兼容能力，集成各部门个性化需求，加速组织信息

化进程，打通各级机构共享交换平台并开展有效对接，实现信息的快速上传下达，提高办事效率。实现各级办公自动化系统互联互通、非涉密公文及各种文件传输互通，推进市级办公系统接入省协同办公平台，实现跨地区、跨部门、跨层级的信息共享和办公协同，打造扁平、透明、移动、智能的办公方式。

（二）深化移动办公应用

依托移动端应用标准，结合实际，打造政务应用移动端，推动移动端应用与政务平台对接，推动更多政务应用接入。统筹推进协同办公、信息报送、督查督办等基础应用落地，切实解决各地各部门报表重复交叉填报问题，为广大基层干部减负增效。加大移动办公平台的推广力度，支撑纵向、横向、全方位移动政务办公协同。依托移动办公平台，加大视频会议系统的推广应用，推动各职能部门通过视频会议系统开展多方会议，提高政府内部办会效率。

（三）推动机关内部数字化改革

梳理各信息系统汇集的个人基础信息、能耗信息、通行权限信息、单位人事信息、办公用房信息、公务用车信息等数据，搭建起机关干部和机关单位“一物一档、一人一档、一事一档”整体框架。以机关事务“一件事一次办”为目标，通过系统互通、数据共享、业务协同，系统性再造机关内部办事流程。围绕机关事业单位人员录入、遴选、调任、转任、变动、退休等全过程，优化集成服务，推动集约型机关数字化能力。推动机关内部非涉密办事事项网上办理，强化财务、人事等办事系统整合共享，加快推进机关内部“一件事”数字化协同。

三、提升政务公开信息化水平

通过数字化集成推动政府门户网站和政务新媒体融合发展，通过门户网站、政务新媒体等多载体集成联动，做到整体协同、响应迅速、统一发声、联动传播。

（一）推动政策信息数字化发布

改造升级政府网站集约化云平台，建设“统一标准体系、统一技术平台、统一安全防护、统一运维监管”的数字化媒体“总门户”。完善政务公开信息化平台，建设分类分级、集中统一、共享共用、动态更新的政策文件库。加快构建以网上发布为主、其他发布渠道为辅的政策发布新格局。优化政策智能推送服务，变“人找政策”为“政策找人”。顺应数字化发展趋势，完善政府信息公开保密审查制度，严格审查标准，消除安全隐患。

（二）发挥政务新媒体数字化传播优势

积极构建政务新媒体矩阵体系，形成整体联动、同频共振的政策信息传播格局。适应不同类型新媒体平台传播特点，开发多样化政策解读产品，依托政务新媒体做好突发公共事件信息发布和政务舆情回应。以深化重大项目、产业结构、改革创新等重点领域信息公开为突破口，推进政府信息公开、政策宣传解读、基层政务公开、政府网站与政务新媒体协同管理。

（三）建设网上舆论阵地

将党管媒体原则贯彻到新媒体领域，规范建设运营政府和其他公共服务部门的新媒体，提高政务信息发布质量。坚持走网络群众路线，借助网上调查、网上意见征集、在线直播等，实现网络问政与网络理政有机结合，以政民互动创新政府管理和政务服务，为群众办实事。把握舆论导向，以媒体、政务、服务的融合，实现党群“零距离”，提高在线政务服务效能。增强从数据中感知舆情的能力，了解民意，捕捉公众热点，通过数据关联分析，预测动态变化，提升政府在公共危机、舆情事件中的预警、监控和应急处置能力。

（四）畅通政民互动渠道

以政府网站集约化平台统一知识问答库为支撑，灵活开展政民互动，以数字化手段感知社会态势，辅助科学决策，及时回应群众关切。建设信息公开管理系统，设置申请内容类别标签，实现依申请公开事项可追踪、分项可筛查。运用大数据技术分析群众来电来信咨询事项和依申请公开事项中的高频事项，形成“热词排行”“热词趋势图”和“民意热点榜”，打通信息转换渠道。

四、推进党政机关管理创新

围绕党委总揽全局、统筹各方、决策指挥和日常运转的需求，全面深化重点业务系统应用，提高科学执政、民主执政、依法执政的能力和水平。

（一）提升党政机构运行效率

支持各级党委、人大、政协、法检等机关单位完善信息化建设，强化新技术应用，提高党群数字化服务能力，优化数字化履职能力，推动司法应用创新及民主党派和群团机关的数字化转型，促进与政府的高效协同。统筹建设“智慧党建云”平台，实现党建工作的“电子留痕”、全周期管理、全过程联动。

（二）强化民主法治建设支撑

加强人大业务系统建设应用，促进智慧人大创新发展。增强网络议政、远程协商能力，完善政协业务系统和信息资源库，提高政治协商和民主监督的能力。持续推进新一代政法网建设，构建统一调度、精准服务、安全可控的政法系统信息资源交换共享体系。深化智慧政法、智慧法院、智慧检察、智慧公安、智慧司法等现有业务系统应用，加强政法部门数据跨边界共享。

第十四章　数字政府建设的保障措施

第一节　优化数字政府管理体制机制

数字政府建设的涵盖范围广泛，涉及多方主体，对国民经济和人民生活具有深远影响。以坚实的政策制度及管理机制为支撑和保障，优化数字政府的管理体系和机制，从国家层面的顶层设计、建设标准与规范的制定以及具体制度的完善等多个方面入手，以全面提升制度保障体系的有效性。

一、建立统一高效的建设管理部门

数字政府建设作为一个系统性项目，如果在国家层面缺乏统一指导，无疑会给全国范围内的数字政府建设带来阻碍。在地方层面上，虽然多数省级政府已设立了与数字政府建设相关的机构，但各地标准并不统一，这造成了地方政府间的协作渠道不顺畅，缺乏有效的联动机制。因此，从国家和地方两个维度出发，对数字政府管理机构进行梳理和优化显得尤为重要。

在国家层面，应当设立专门的数字政府建设领导小组或相应的管理机构。该机构需整合国务院办公厅电子政务办公室、中央网络安全和信息化委员会办公室、中华人民共和国工业和信息化部等相关部门在数字政府建设领域的资源和职能，以实现对数字政府建设的统一规划和领导。通过加强中央与地方之间的沟通与指导，可以确保数字政府建设过程中的政策一致性，有效避免政策冲突和重复劳动，从而提升数字政府建设的效率和质量。

在地方层面，各地应整合电子政务和大数据管理相关部门的功能与资源，建立起统一的数字政府建设机构。这些机构应在级别、标准和职责上保持一致，以确保有效执行国家关于数字政府的政策和方针。同时，强化纵向的工作指导和横向的协调合作，构建国家统筹的建设管理体系，并实现省、市、县、乡、镇五级之间的良好联动，从而有力推动数字政府的建设进程。

二、健全数字政府建设的制度体系

在数字政府建设中，标准规范就如同“规矩”，是推动数据开放共享的关键，也是数字政府规范化发展的必由之路。①确立统一的信息技术标准是数字政府建设的基石，它能够实现政府内部信息系统和政务平台的有效连接，保障数据的顺畅传输，降低信息系统成本，从而消除跨层级、跨部门的“信息孤岛”。②制定统一的数据共享开放标准也至关重要。这需要明确哪些数据应在政府内部共享，哪些数据应向社会开放。通过对数据进行归类，可以建立起跨部门、跨行业的数据对接融合机制，进而实现数据的全面开放共享，充分释放数据的潜力。③统一数据质量评估标准也是不可或缺的一环。通过对数据的完整性、时效性和准确性等方面进行评估，可以提升政府部门对数据的重视程度，为数据流通交易提供坚实的保障。

数字政府建设是一个复杂的系统工程，要充分发挥其效能，就必须完善相关的配套制度，确保各项工作的规范化。①关于数字政府建设的评估机制，应构建科学的评估框架，积极采纳专家学者的专业见解，并适当借鉴国外的先进评估标准，以形成一套高效实用的评估体系。评估的核心目的在于通过评价促进优化和改进，针对各地暴露的问题提供及时反馈，从而提升数字政府建设的整体质量。②在数据管理方面，鉴于数据在数字时代的重要战略地位，以制度化的方式对数据进行管理显得尤为重要。各政府部门应设立专门的数据管理机构或指定数据管理专员，明确数据管理责任。在数据管理上，既要注重“堵”，即确保数据的安全性，及时修补安全漏洞；又要注重“疏”，即推动数据的共享与开放，充分发掘数据的潜在价值。③针对数字政府相关工作人员，需要建立完善的培训和考核机制。鉴于数字政府涉及多学科知识和技术的快速更新，应与高等院校合作，为工作人员提供定期培训的机会，并确保考核的常规化进行。通过考核，可以激励工作人员不断提升自身的数字素养，以适应数字政府建设的需要。

三、理顺数字政府建设的运行机制

推进数字政府建设，仅依靠专门的管理机构是远远不够的。虽然数字政府管理部门肩负着整体建设和数据管理的重任，但在处理各项事务时，仍需要各个业务部门的紧密配合。因此，必须进一步理顺数字政府的运作机制，强化数字政府管理部门的统筹与协调能力，以促进其与各业务部门及企业之间的高效协同。通过这种方式，可以构建一个高效、协同且有效的管理模式，从而更好地服务于公众需求。

在数字政府建设的具体执行层面，数字政府管理部门需承担顶层设计、整体规划和标准规范的制定工作。各业务部门则需根据管理部门的总体规划，并考虑自身的实际情况和业务需求，来制定相应的发展规划，以此作为信息化发展的操作指南，确保各部门发展目标的统一性。业务部门需严格遵守统一的标准规范，实现各业务系统的顺利对接，保障不同系统间的互联互通，并推动流程优化。数字政府管理部门应基于总体建设规划，深入各业务部门进行实地考察，紧密结合业务需求，负责统一采购、实施、运营及验收工作。对于涉及多个业务部门协作的事务，管理部门应建立有效的协调机制，全面统筹并解决问题。

在数字政府建设的监督和评价环节，数字政府管理部门需对各业务部门的建设进度、实施成效及数据安全等方面进行统一的监管和评估。同时，管理部门应提供相应的指导，以协助业务部门明确发展方向。为激发业务部门的积极性，可以考虑将考核结果与部门绩效挂钩。业务部门则应根据管理部门的评价反馈和意见，不断完善并优化数字政府建设过程中的各项工作。

在数字政府构建模式上，应倡导多元化主体的参与。秉承“专业之事由专业人士操持”的原则，政府应作为“领航员”，在确保政府主导的基础上，通过政策引导、购买社会服务、规范运营等多种途径，积极与企业携手，重视并吸纳社会力量，形成共建共享、管理与运营分离的新模式。借助企业的技术优势、广泛的渠道以及专业的运营能力，共同推进数字政府的构建与运营，从而提升政府的管理效能，将发展的红利惠及社会，并鼓励更多的社会主体参与到数字政府的建设中来。同时，数字政府的运营改革应纳入政府的绩效考核体系，以正确处理政府与市场的关系，共同为数字政府建设注入活力。政府与企业的合作，特别是与国内领先的互联网企业合作，能够充分利用这些企业的创新精神、服务意识和技术支撑。这些企业不仅具备活跃的互联网思维和先进的技术，还拥有庞大的用户基础，汇聚了大量网络流量，因而在连接政府与民众方面具有显著优势。

第二节　完善数字政府政务服务体系

“数字政府即平台”正成为数字政府建设的主流趋势，平台在数字化转型中扮演着重要角色。数字政府建设的一个重要目标就是打造服务型政府，提升公众满意度。政务服务平台就是政府为公众服务的窗口，通过打造线上一体化政务服务平台、与企业进行合作，提升服务能力，便利公众办事。目前的政务服务平台的服务能力与普惠全民的目标仍有一定差距，需要进一步完善数字政府政务服务体系。

一、扩展政务服务平台的服务事项

政务服务平台所提供的服务事项数量对公众在线办事的便捷性有着重要影响。因此，必须及时增加政务服务平台的服务项目，以提升公众的办事体验。首要任务是将原本线下处理的事项迁移至线上平台。鉴于各地政务服务平台的建设标准和管理模式存在差异，部分地区的线上政务服务平台与实体服务大厅的系统尚未实现整合。这种割裂状况导致某些事务只能在线下大厅处理，给公众带来不便，并降低了行政效率。为解决这一问题，应尽快实现线上与线下系统的融合与互通，确保大部分线下可办事项都能在线上完成。

此外，各省级政府的服务事项应汇集到全国政务服务平台上。作为全国政务服务的核心枢纽和窗口，全国政务服务平台应发挥集中政务服务事项的作用，为公众提供一个统一的办事平台。然而，目前该平台主要作为一个入口或链接存在，许多事项无法直接在此平台处理，仍需跳转至各省级政务服务平台。因此，需要加快推出跨省服务事项。根据最新的人口普查数据，我国有大量的流动人口，居住地与户籍地不一致的情况相当普遍。在信息化、网络化日益发展的今天，许多服务事项仍要求申请者返回户籍地办理，这显然与时代脱节。因此，对于我国大量的流动人口而言，跨省服务事项显得尤为重要。这需要全国统一规划、各省级政府之间统一标准，以尽快实现各类服务事项的跨省办理。

二、提升网上政务服务的效能

政务服务正经历由政府主导型向以民众需求为中心的转变。政务服务平台，作为政府借助技术进行社会治理的重要平台，必须紧密围绕民众需求，持续提高在线政务服务的质量和效率。

一是提升在线政务服务的便捷性。这需要从公众的视角出发，对在线政务服务进行优化。应针对公众在办事过程中遇到的难题和痛点，进行有针对性的改革，改进相关的审批和服务流程。同时，要重视用户体验，完善服务场景，并引入诸如场景导航、智能搜索等实用功能。中央党校（国家行政学院）电子政务研究中心发布的《省级政府和重点城市一体化政务服务能力（政务服务“好差评”）调查评估报告（2021）》显示，我国省级行政许可事项中，89.77%的事项已经可以在线受理并实现了“最多跑一次”，而49.75%的事项则可以在线审批，实现了“零跑动”。然而，这一数据也表明，仍有许多事项需要民众亲自到场办理。因此，必须进一步优化政务服务流程，以真正实现全流程在线办理的目标。

二是要实现网上政务服务的精准化。各级政府应在办事指引、服务流程、业务审批等多个方面制定相应的标准，并严格按照这些标准来提供服务，以确保同一事项能够实现无差别、标准化的处理。同时，应进行政务信息系统的整合工作，建立起政务数据的协同共享机制，以促进各级政府和政府部门之间的数据共享与业务协同，进而实现政务服务的精准和顺畅。

三是要注重缩小“数字鸿沟”。数字技术的迅猛发展给大多数人带来了便利，但在此过程中，也应关注到老年人、残疾人等弱势群体的需求，确保他们也能无障碍地享受网上政务服务。为了满足这些特殊群体的需求，可以采取一系列措施，如为他们提供专门的数字技能培训以提升其数字素养；或设立专门的服务热线，使他们能够通过简单的电话沟通，让工作人员协助完成相关事务的办理。基于这些举措，期望通过数字政府建设，让每个人都能切实感受到政府服务的温暖与关怀，确保无人被时代抛下。

三、加强移动端政务服务平台建设

移动端政务服务作为数字政府建设的关键组成部分，对于提升服务效率和促进公众参与具有显著作用。目前，无论是国家政务服务平台还是各省级政务服务平台，都已积极推出了移动端应用，这些应用以 App、微信小程序、支付宝小程序等多种形式存在。然而，在移动端政务服务平台的建设过程中，各地采用的形式和标准并不统一，导致建设水平存在差异。因此，需要进一步优化这些平台，以确保提供更高效、更便捷的服务。

一是要丰富移动端的服务事项种类。整体来看，移动端政务服务平台所涵盖的服务项目相较于政务服务网站显得较少。应该立足于公众的实际需求，特别是围绕他们日常生活中密切关注的领域，诸如教育、医疗以及就业等，有针对性地增加移动端的服务项目。

二是要提升技术能力。相较于政务服务网站，移动端政务服务平台的用户体验略显不足。这主要体现在某些技术层面上的问题，应致力于技术的深入应用与优化，简化并明晰操作流程，以解决现存问题，进而提升公众使用的便捷性。

三是要制定标准规范。国家应针对移动端政务服务平台，制定相应的标准规范，以提升不同地区政府和部门的移动端政务服务平台的标准化和便捷性。同时，应建立有效的监督考核机制，以加强各级政府对移动端政务服务平台的重视程度，进一步推动各地区移动政务的均衡发展。

第三节 提升数字政府数据治理能力

一、推动政府数据开放共享

数据是推动数字政府构建和数字经济进步的核心资源，其价值主要取决于其关联和开放的程度。数据的关联性越强，开放性越高，其价值就越大。现阶段，政府部门所掌握的数据大致可归为四类：一是履职数据，这类数据产生于政府的日常工作流程中。二是统计调查所得的数据，由统计相关部门负责收集。三是环境数据，主要源于对自然和社会环境的监测。四是互联网数据，这类数据主要包括媒体和公众对政府工作的评价和反馈。

依据统分结合、资源共享的原则，构建从国家层面到国务院各部门、各省级政府的数字政府建设平台及其运营保障机制。这些平台将由相应级别的数字政府建设运营中心负责统一建设，并提供数据运营服务。同时，应制定科学统一、切实可行的公共数据资源整合规范，以便对各地区和各部门的数据进行分类与整合，从而加强跨地区、跨部门之间的数据共享与整合。此外，各级数字政府建设的主管部门需统一建设政务云平台，以提高信息资源的高效和集约利用。以国家数字政府平台作为公共的入口和通道，强化国务院部门平台与省级政府平台的支撑功能，共同构建一个协同统一、高效运行的数字政府体系。

在政府部门内部实现数据的整合与共享后，数据的对外开放也成为政务公开的重要环节。在确保数据安全、国家安全和个人隐私不受侵犯的基础上，政府部门需依法开放其按照既定标准规范组织的数据。这些数据旨在为公民、企业及研究人员所使用，以推动社会进步。虽然我国已在国家和地方层面出台了一系列政策，对数据开放和使用提供了指导规范，但当前的需求仍未得到充分满足。因此，应在法律框架内，进一步提升数据开放水平，并借鉴“以公开为常态，以不公开为例外”的原则，实施政务数据资源“负面清单”管理，即将“负面清单”之外的数据全面向社会开放。同时，应积极推动公共数据资源的开放和利用，可以考虑通过与企业或社会组织建立合作关系，共同构建数据开放平台，向公众提供数据资源，从而推动“数字政府”服务向更加个性化和精准化的方向转型升级。

二、构建数据科学决策体系

数据决策就是利用数据去分析问题和解决问题的过程，通过构建数据决策体系，能够通过数据对社会信息进行全面的了解和掌握，做到用数据分析社会矛盾，探索社会发展的规律。

对于数据决策可能带来的隐患，应持有正确的认识。数据在科学决策过程中存在两个主要隐患：一是模型算法的不科学性可能导致数据分析与判断出现偏差；二是数据质量直接影响决策的成败。然而，大数据技术是一种新兴技术手段，对于社会的发展具有推动作用。不能因噎废食，因为存在风险就回避使用大数据技术，况且这些风险是可以被降低的。为了降低风险，可以采取两种策略：一是通过数据的开放与共享来确保数据的真实性，并不断优化算法；二是当数据量累积到一定程度时，其结果将更贴近现实，从而减少虚假数据对决策的影响。

三、完善数据安全保障体系

在信息技术和网络技术迅猛发展的背景下，必须正视与之相关的风险和挑战。数据的安全性是数据治理的基石，若数据安全无法确保，数字政府的建设将无从谈起。因此，构建一个健全的数据安全管理体系至关重要。这一体系需要对数据安全进行全天候的监测，密切跟踪国内外数据安全技术的最新进展，并及时引进新技术来完善数据安全预警平台，从而建立起有效的预警机制。为了加强数据安全管理，必须明确数据的生产者、管理者和使用者各自的责任，并大力提升政府部门人员的信息安全技能。对第三方合作者、维修保养人员以及政府部门内部人员加强监督管理。此外，还需要通过法律手段来明确和强化数据保护。随着信息技术的发展，相关法律法规也应与时俱进，以确保形成一个完备的数据安全保障法律体系。

第四节　强化数字政府建设支持力度

数字政府建设是一项技术性、政策性较强的工作，目前数字政府建设应加强相关支持力度，补齐相应的短板，增强数字政府的支撑能力，为数字政府建设保驾护航。

一、加强培育数字政府建设相关人才

当今世界，国家之间的竞争实质上是人才的竞争，因为人才是推动科技进步和社会发展的核心资源和原始驱动力。在数字政府的建设过程中，对于具备相关专业知识和技术能力的人才的需求尤为迫切。

数字政府建设作为一个融合多学科知识和技能的综合性工程，需要政府积极与高等院校及科研机构携手，共同培养和吸引专业的数字化人才。要大力发展交叉学科，并完善新时代的高等教育学科专业体系，这是我国高等教育的一个重要发展方向。数字政府建设正是一个多学科交汇的领域，与这一发展方向高度契合。高等院校和科研机构应根据这一需求设立相关专业课程，专注于培养这方面的专业人才。

应当充分利用智囊团及专家学者的知识与经验。引导和鼓励那些在数字政府相关领域已有研究基础的专家学者开展深入研究。在国家级和省级的课题研究中，应对数字政府建设及其相关领域给予更多的关注和支持，以激发相关专家学者的研究热情。此外，建议成立数字政府研究院，并设立专家学者委员会，通过组织如“数字政府”研讨会、中国“数字政府”论坛等高端学术交流活动，探索理论与实践的最佳结合点，以期取得新的成果。

部分发达国家在数字政府建设方面起步较早，拥有更为成熟的数字化人才培养模式，其相关人才资源也相对丰富。为了加强我国数字政府建设，可以通过建立渠道来引进这些国家的数字化人才，同时加强与这些国家在数字政府建设领域的交流与合作。通过促进双方数字化人才的互相学习和交流，能够积极吸收和借鉴国外先进经验。此外，提高数字化人才的福利待遇，也是吸引国外优秀人才参与我国数字政府建设的重要举措。

二、加大数字政府建设财政支持力度

要实现从传统治理方式向数据治理范式的转变，必然需要大量的资金投入。这些资金不仅能为技术升级提供支持，还能吸引和培养所需的专业人才。数字政府建设代表着对我国传统治理方式的深刻变革，无论是基础网络设施的建设，还是高端人才的培养和引进，都离不开财政的大力支持。一旦缺乏相应的财政资金投入，我国的数字化转型进程将会受阻。

一是应加强财政资金保障。实证研究显示，政府财政资源的丰富程度与数字政府建设的成效呈正相关关系，即财政资源越充裕，且投入于数字政府建设中的资源越多时，建设效果就越显著。为了进一步提升数字政府的建设效果，可以从两个方面着手：首先，在财政资金的分配中，应适当向数字政府建设倾斜，通过优化财政分权，提高地方政府在财政配置上的自主权。其次，需深入推进“放管服”改革，通过简化组织机构，实现管理体制的扁平化，有效降低行政成本，从而提高政府效能和公共服务质量。

二是要制定预算标准体系。财政部门和数字政府建设的相关部门应当携手共同制定出政府数字化发展的预算编制规范或相应标准，以此为数字政府建设项目的支出提供明确的参考模板。与传统的政府建设项目不同，数字政府建设需改变传统的工程造价预算标准编制做法。应当将购买服务的技术含量、服务响应速度和质量效果作为设计预算支出标准的关键要素。同时，各级政府在进行数字政府建设时，也应严格参照这些预算标准，以确保全国范围内形成统一、协调的工作格局。

三是应引进企业资金进行数字政府建设。数字政府建设是一个多元主体参与的过程，需要企业、公众、社会组织等各方共同努力。在资金投入方面，应在政府主导的基础上，积极引导社会资本，特别是企业资金，进入数字政府建设中。为实现这一目标，政府可与企业签订战略合作协议，通过书面合同明确资金投入、成本分摊及利益分配等细节，确保风险与责任的共同承担。同时，政府应给予相关企业一定的优惠政策，如在税收等方面提供适当减免，以鼓励企业积极参与，共同推动数字政府建设的进程。

三、加快数字政府相关基础设施建设

在当今数字化时代背景下，数据资源的竞争已成为国际间新一轮竞争的关键领域。与此同时，云计算、互联网、物联网及智能终端等新一代信息技术正迅猛发展。基于这一形势，我国数字政府建设应以基础设施的建设为基石，秉承新发展理念，以技术革新为推动力，促进数字化转型与融合性创新，从而应对全球数据资源竞争的挑战，并推动国家治理体系和治理能力现代化。

实现更快速、更稳定的网络连接。通过不断扩大网络覆盖范围、构建新型光纤网络布局，并着手实施光缆扩容与智能化管道建设工程，以建立高效、共享的通信管道网络。鉴于当前多数地区仍主要依赖 4G 网络，需进一步推广 5G 网络的应用，力求在社区、学校和医院等各个场所实现 5G 网络全面覆盖。同时，加速 5G 网络与实体经济、交通、农业等多个领域的深度融合，以推动社会各行业的数字化转型升级。

为了构建万物互联的新格局，需要加强数字感知基础设施的建设。这意味着需要转变过去主要依赖人力的社会治理模式，建立起人与人、物与物、人与物之间互联互通的感知系统和数字化标识系统。通过利用全域感知和精准识别的技术优势，可以实现社会治理的精细化和智能化。同时，需要集中精力研发核心技术，不断加大技术创新力度，将技术成果转化为推动发展的动力。新型基础设施，如大数据中心和人工智能等，正逐渐成为推动我国数字政府发展的新动力。在这场“新基建”的浪潮中，各地方政府应根据实际情况进行合理布局，结合自身发展需求，将“新基建”视为深化数字政府建设的新机遇。此外，需要进一步深化区块链、人工智能等数字技术在数字政府建设中的应用，构建包括数据中心、政务网络、政务云平台、开放共享平台、应用支撑平台、安全保障平台、运维保障平台在内的“七位一体”基础设施框架。通过协同建设，可以充分发挥数字技术在数字政府建设中的重要作用。

为缩小东西部之间的“数字鸿沟”，应着重加强基础设施建设。针对我国数字政府建设不均衡的现状，国家需对数字政府建设相对滞后的地区提供更有力的扶持。这包括技术层面的援助和政策上的适当倾斜。同时，推动各地区在数字政府建设方面的交流与合作至关重要，应建立有效的帮扶机制，以实现共同发展。

参考文献

一、著作

[1] 江青．数字中国：大数据与政府管理决策［M］．北京：中国人民大学出版社，2018.

[2] 马颜昕，等．数字政府：变革与法治［M］．北京：中国人民大学出版社，2021.

[3] 斯蒂芬·戈德史密斯，威廉·D. 埃格斯．网络化治理：公共部门的新形态［M］．北京：北京大学出版社，2008.

[4] 王益民．数字政府［M］．北京：中共中央党校出版社，2020.

[5] 中国行政体制改革研究会．数字政府建设［M］．北京：人民出版社，2021.

二、期刊

[1] 陈文．政务服务"信息孤岛"现象的成因与消解［J］．中国行政管理，2016（7）．

[2] 郭一帆．数字政府建设中的法律制度完善［J］．云南行政学院学报，2021（1）．

[3] 何水，郑晓莹．国内政府治理研究热点与趋势可视化分析［J］．行政论坛，2020（2）．

[4] 胡税根，杨竞楠．新加坡数字政府建设的实践研究与经验借鉴［J］．治理研究，2019（6）．

[5] 黄璜．数字政府政策、特征与概念［J］．治理研究，2020（3）．

[6] 黄璜．中国"数字政府"的政策演变——兼论"数字政府"与"电子政务"的关系［J］．行政论坛，2020（3）．

[7] 李春根，罗家为．赋权与增能："互联网+政务服务"何以打造地方发

展软环境［J］．中国行政管理，2021（5）．

［8］李锋，柳浩．WSR视域下政府数据治理影响因素与路径研究［J］．河海大学学报（哲学社会科学版），2021（6）．

［9］李韬，冯贺霞．数字治理的多维视角、科学内涵与基本要素［J］．南京大学学报（哲学·人文科学·社会科学），2022（1）．

［10］李燕．“互联网+政务服务”公民获得感：理论内涵与测量维度［J］．探索，2020（3）．

［11］李云新，吕明煜．“互联网+政务服务”平台建设的特征、动因与绩效：一个多案例分析［J］．电子政务，2017（5）．

［12］刘祺．当代数字政府建设的梗阻问题与整体协同策略［J］．福建师范大学学报（哲学社会科学版），2020（3）．

［13］刘淑春．数字政府战略意蕴、技术架构与路径设计——基于浙江省改革的实践与探索［J］．中国行政管理，2018（9）．

［14］刘银喜，赵淼，赵子昕．政务数据治理能力影响因素分析［J］．电子政务，2019（10）．

［15］祁志伟．数字政府建设的价值意蕴、治理机制与发展理路［J］．理论月刊，2021（10）．

［16］乔伟杰，陈英华．我国地方政府治理研究热点及趋势分析——基于Cite Space可视化分析［J］．经营与管理，2021（9）．

［17］曲延春．数字政府建设中信息孤岛的成因及其治理［J］．山东师范大学学报（社会科学版），2020（2）．

［18］谭必勇，刘芮．数字政府建设的理论逻辑与结构要素——基于上海市“一网通办”的实践与探索［J］．实践与探索，2020（8）．

［19］王广辉，郭文博．数字政府建设面临的多重风险及其规避策略［J］．改革，2022（3）．

［20］王孟嘉．数字政府建设的价值、困境与出路［J］．改革，2021（4）．

［21］魏志荣，赵兴华．“互联网+政务服务”创新扩散的事件史分析——以省级一体化网上政务服务平台建设为例［J］．湖北社会科学，2021（1）．

［22］阎波．以“运动“”破解“办事难”：地方政府推行“互联网+政务服务”改革的制度逻辑［J］．中国行政管理，2020（10）．

［23］杨巧云，梁诗露，杨丹．国外政府数字化转型政策比较研究［J］．情报杂志，2021（10）．

［24］姚水琼，齐胤植．美国数字政府建设的实践研究与经验借鉴［J］．治理研究，2019（6）．

［25］袁刚，温圣军，赵晶晶，等．政务数据资源整合共享：需求、困境与关键进路［J］．电子政务，2020（10）．

［26］翟云．数字政府替代电子政务了吗？——基于政务信息化与治理现代化的分野［J］．中国行政管理，2022（2）．

［27］张晓，鲍静．数字政府即平台：英国政府数字化转型战略研究及其启示［J］．中国行政管理，2018（3）．

［28］章燕华，王力平．国外政府数字化转型战略研究及启示［J］．电子政务，2020（11）．

［29］朱玲．我国数字政府治理的现实困境与突破路径［J］．人民论坛，2019（32）．

［30］逐峰．广东“数字政府”的实践与探索［J］．行政管理改革，2018（11）．

［31］Viswanath Venkatesh，Michael G. Morris，Gordon B. Davis，et al. User acceptance of information technology：Toward a unified view［J］. MIS Quarterly，2003（3）．

［32］Yogesh K. Dwivedi，Nripendra P. Rana，Marijn Janssen，et al. An empirical validation of a unified model of electronic government adoption（UMEGA）［J］. Government Information Quarterly，2017（2）．

三、电子文献

［1］清华大学数据治理研究中心．2020 数字政府发展指数报告［EB/OL］. http：//sky. cssn. cn/zzx/xzxztzzx/126991/bg/202011/t202011065212396. shtml.

［2］赛迪顾问股份有限公司．2020 中国数字政府建设白皮书［EB/OL］. http：//www. echinagov. com/report/286386. htm.

［3］云计算开源产业联盟，数字中国产业发展联盟．2020 数字政府新基建发展白皮书（2020 年）［EB/OL］. https：//www. govmade. cn/dig/20200923/493376218180091904. html.

［4］中国互联网信息中心．第 49 次中国互联网络发展状况统计报告［EB/OL］. http：//www. cnnic. cn/hlwfzyj/hlwxzbg/hlwtjbg/202202/t2022022571727. htm.

［5］中央党校（国家行政学院）电子政务研究中心．省级政府和重点城市一体化政务服务能力调查评估报告［EB/OL］. http：//zwpg. egovernment. gov. cn/art/2021/5/26/art13296339. html.

四、学位论文

[1] 钱丽."互联网+政务"服务公众采纳模型构建及应用研究 [D]. 合肥：中国科学技术大学，2018.

[2] 杨凯瑞.智慧城市评价研究：投入—产出视角 [D]. 武汉：华中科技大学，2015.